"十三五"职业教育国家规划教材

现代职业人教育丛书

全新修订

霍彧 主编

XIANDAI ZHIYEREN ZHIYE SUZHI XUNLIAN JIAOCHENG

现代职业人职业素质训练教程

苏州大学出版社

图书在版编目(CIP)数据

现代职业人. 职业素质训练教程 / 霍彧主编. —苏州：苏州大学出版社，2017.8(2022.7 重印)
ISBN 978-7-5672-2200-7

Ⅰ.①现… Ⅱ.①霍… Ⅲ.①职业选择-高等职业教育-教材　Ⅳ.①G717.38

中国版本图书馆 CIP 数据核字(2017)第 196277 号

现代职业人（职业素质训练教程）

霍　彧　主编

责任编辑　周建兰

苏州大学出版社出版发行
(地址：苏州市十梓街1号　邮编：215006)
宜兴市盛世文化印刷有限公司印装
(地址：宜兴市万石镇南漕河滨路58号　邮编：214217)

开本 787×1092　1/16　印张 9.5　字数 192 千
2017 年 8 月第 1 版　2022 年 7 月第 2 次修订印刷
ISBN 978-7-5672-2200-7　定价：32.00 元

苏州大学版图书若有印装错误，本社负责调换
苏州大学出版社营销部　电话：0512-67481020
苏州大学出版社网址 http://www.sudapress.com

前言 Preface

自2003年提出"培养现代职业人"这个理念以来,我们一直在探索着学生职业素质的教育方法。

2010年,在国内率先成立了职业素质教育中心,由它来引领全院的职业素质教育,开了国内同行中的先河。同年,在秋季入学的新生中,全面推进职业素质教育,开设了"现代职业人"课程,并将其设置为必修课,纵贯前后四个学期,让每个学生都得到全面的教育与熏陶,该课程得到了学生的欢迎及同行的好评。但是,学生职业素质的养成仅仅依靠教师在课堂上的传统式讲授是远远不够的,所以,探寻一条有效的职业素质教育之路一直是学院职业素质教育团队孜孜以求的目标。

2011年11月,为了提升全体教师的教育教学能力,开始了全员"核能领导力"培训,把风靡全球的"教练技术"引入了校园。通过三年时间,培养了一支20多人的学院内部教练团队,并在学生中开展了"践行价值观"的训练,由此,职业素质教育创新进入了新的阶段。原来一直应用于国内外企业培训的教练技术,被广泛应用于各类课程教学过程中,不仅丰富了教师的教育教学智慧,而且极大地提升了学生的学习主体作用。

2015年开始,职业素质教育团队厚积薄发,开始研发基于教练技术的职业素质训练教程,希望用新思路、新技术、新方法来创新职业素质教育,取得新成效。2016年,又引入苏州艾提木商务咨询有限公司及众博体验式培训学院,在校内建设素质拓展训练基地,并校企合作,联合开发体验式培训教程。变"教师的满堂灌"为"教练的激发潜能",变"教师一言堂"为"学生议事厅",变"学生被动接纳"为"学生主动体验"。

经过多年的摸索,终于形成了今天的《职业素质训练教程》。该教程运用新的教育理念、创新教学方法和手段,通过教师运用教练技术,有效培养和提升学生"团队合作、职业沟通、自我管理、问题解决、领导力"等职业核心能力,对学生未来的职业生涯将产生深远的影响。2021年,又根据新形势的发展,对教材进行了全面修订。

本教程由霍彧担任主编,何锐、吴成炎、王钰岚、马晓盼、左其阳和冯晟担任副主编。其中,吴成炎作为主要实践者为本课程做出了很大的贡献。这群不畏困难、积极进取的年轻人组成的不仅是一支朝气蓬勃的教师团队,更是一支不断创造奇迹的教练团队。

正值教材面世之际,我们要感谢苏州艾提木商务咨询有限公司和众博体验式培训学院的杨海波总经理及他的教练团队;感谢直接和间接为本教材贡献观点、经验以及实践的所有企业家、同事、朋友及学生;感谢我们的家人,在编写本套教材过程中,一直理解、支持和鼓励我们。谢谢你们!

霍　彧

目录 Contents

第一章　认识团队 ………………………………………………………… 1
第一节　加入团队——团队组建 ……………………………………… 1
第二节　培育团队——建设团队文化 ………………………………… 11
第三节　关于信任——融入团队氛围 ………………………………… 18
第四节　感受责任——培养主动工作习惯 …………………………… 25

第二章　体会沟通 ………………………………………………………… 33
第一节　非语言沟通——身体语言及沟通礼仪 ……………………… 33
第二节　3F倾听技术——沟通的原则 ………………………………… 44
第三节　学会赞美——沟通的技巧 …………………………………… 52
第四节　四型性格剖析——沟通对象的认识 ………………………… 60

第三章　自我管理 ………………………………………………………… 72
第一节　"爱的中心"练习——认识情绪管理 ……………………… 72
第二节　成功画面——情绪控制与激励 ……………………………… 78
第三节　CUP方法——自我计划的方法 ……………………………… 87
第四节　"自省日记"练习——自我情绪识别与管理 ……………… 92

第四章　解决问题 ………………………………………………………… 98
第一节　制定目标——制定目标的原则及方式 ……………………… 98

第二节	打破设限——培养创新思维模式	104
第三节	双轮矩阵——提升工作执行力	110
第四节	5R教练技术——掌握解决问题的方法	115

第五章 成就自我 ... 122

第一节	归来的沙克尔顿——培养卓越领导力	122
第二节	学会演讲——把握演讲内容及控制过程	128
第三节	成就自己——提炼核心价值观	133
第四节	高效团队会议模式——促进合作与提升凝聚力	140

第一章　认识团队

1994年,斯蒂芬·P.罗宾斯首次提出了"团队"的概念:团队是为了实现某一目标而由相互协作的个体所组成的正式群体。在随后的十年里,关于"团队合作"的理念风靡全球。当团队合作出于自觉和自愿时,它必将会产生一股强大而且持久的力量。团队合作指的是一群有能力、有信念的人在特定的团队中,为了一个共同的目标相互支持合作奋斗的过程。它可以调动团队成员的所有资源和才智,并且会自动地驱除所有不和谐和不公正现象,同时会给予那些诚心、大公无私的奉献者适当的回报。那么,团队成员之间到底该如何进行团队合作呢?

在本章中我们安排了如下内容:

- 加入团队——团队组建及破冰。
- 培育团队——团队文化的建设。
- 关于信任——融入团队氛围。
- 感受责任——培养主动工作习惯。

第一节　加入团队——团队组建

王小小喜忧参半!喜的是终于可以步入职场、大展身手了,她看过《杜拉拉升职记》,坚信自己也会有杜拉拉式的好运,小小是个乐观无比的姑娘。她的职场目标是和杜拉拉一样,可以从职场小菜鸟演变成达人,有属于自己的团队。忧的是自己刚从学生过渡到职场人,心里还是忐忑不安的:"我的同事们会认可我吗?上班和在学校里有什么不一样的呢?"

"入职前一天我就反复练习如何从容微笑、如何自我介绍、怎样与同事融洽工作等。上班后发现大家各忙各的,没有人注意我,我究竟需要做些什么?同事似乎都很忙碌,我看了一周报纸,上了5天网……"在一家网络公司当编辑的小小用"如坐针毡、度日如年"来形容第一天上班:那天,小小早早地来到公司,等人事部同事与她签了合同并介绍完公司的规章制度后,就安排她对号入座了。因为是第一天进公司,所以对部门业务不熟悉,部门经理只提供了一些杂志和报纸让她翻阅,于是一整天她就对着那几张纸翻来又覆去。一天下来,小小就在这样极其苦闷乏味的状态中度过。"周围的同事都在忙于工作,而我却没事可做。无所事事的我甚至不自觉地产生了一种挥霍光阴的幻觉。"小小在当天的日记里写道。

到底怎样才能快速加入团队,和大家保持一样的节奏呢?小小心急如焚。公司组织的新员工培训这两天要开始了,小小盼望能在这次培训里尽快和身边的人熟悉起来。

◆ **知识目标:**
  1. 了解团队的内涵。
  2. 掌握团队的组建方法。

◆ **能力目标:**
  1. 学会组建团队。
  2. 建立团队意识,提升集体荣誉感。

1.1 理论知识

1. 团队的定义

团队是由员工和管理层组成的一个共同体,该共同体合理利用每一个成员的知识和技能协同工作,解决问题,达到共同的目标。

管理学家斯蒂芬·P.罗宾斯认为:团队就是由两个或者两个以上的、相互作用、相互依赖的个体,为了特定目标而按照一定规则结合在一起的组织。

2. 什么是团队组建

团队组建是指聚集具有不同需要、背景和专业的个人,把他们变成一个整体、有效的工作单元的一个过程。

3. 团队组建的方法

(1) 团队组建实战

一些常见的团队组建利用了人们在受到威胁时会寻求支持的天性。其中有一种技术是把小组放在压力环境当中,让成员们随着对环境的本能反应变成一支具有凝聚力的小组。一般情况下,这些策略都能正常执行。例如,漂流探险或登山等各种户外体验均采取分组的形式。有一些探险活动非常危险,会让人产生极大的心理压力,需要相当大的个人毅力以及承受艰难困苦的意愿。

(2) 团队组建实战中的问题

常见的团队组建都有一个基本缺点:它们不能在工作环境中完成。领导和参与团队实战的人员通常都是陌生人,他们甚至以后都不会与团队或其成员有更进一步的联系。这样,即使团队可以集结在一起,甚至一些成员会变成长期的密友,但这种经历与工作小组毫无关系,参与者会返回到基本没有发生变化的工作状态中。

即使团队组建训练可能会非常成功,但是当成员们回到工作状态以后,他们仍然会面对所有阻碍团队高效行使职能的条件。团队组建经历也许会让人高兴,参与者甚至还会明白团队协作的回报会有多高,但他们不会拥有在任务中使用这些方法来完成工作所需的工具、方法和支持系统。最终,当团队组建过程与工作环境脱离关系之后,那些都只会变成与任务无关的美好回忆,而不会对参与者以后协同工作的方式产生重大影响。

4. 团队的组建过程

团队的组建包括以下四个阶段:

(1) 准备工作

本阶段首要任务是决定团队是否为完成任务所必需,这要看任务的性质。应当明白,有些任务由个体独自完成其效率可能更高。此外,本阶段还要明确团队的目标与职权。

(2) 创造条件

本阶段组织管理者应保证为团队提供完成任务所需要的各种资源,如物资资源、人力资源、财务资源等。如果没有足够的相关资源,团队不可能成功。

(3) 形成团队

本阶段的任务是让团队开始运作。此时,须做三件事:管理者确立谁是团队成员、谁不是团队成员;让成员接受团队的使命与目标;管理者公开宣布团队的职责与权力。

(4) 提供持续支持

团队开始运行后,尽管可以自我管理、自我指导,但也离不开上级领导者的大力支持,以帮助团队克服困难、战胜危机、消除障碍。

5. 团队组建中的常见问题

(1) 团队出现内耗,能力抵消,造成"1 + 1 < 2"

如果团队成员的价值观不能彼此认同,就会使整体功能小于部分功能之和,甚至小于单个部分的功能,如图 1-1 所示。

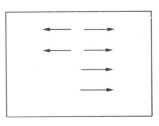

图1-1 团队整合不好造成"4+2=2"

（2）团队出现价值观差异，难以形成合力

价值观的差异容易导致人与人之间难以沟通，出现能力配置不良，每个人都有发展，但发展的方向不一致，不能出现合力，如图1-2所示。

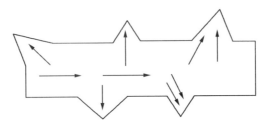

图1-2 团队目标未获一致

（3）团队的运作受到外部干扰——被挖"墙脚"使团队建设受到影响

当团队遇到困难，无法整合起优势力量攻克难关之时，其他团队有可能"乘人之危"挖"墙脚"，这在市场上属于正常现象，但对被挖"墙脚"的团队而言，就会更加陷入困境，如图1-3所示。

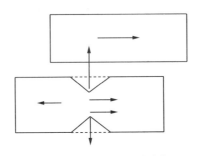

图1-3 团队被挖"墙脚"

（4）团队缺少一个有威望的领导，出现群龙无首的状态

在有些情况下，虽然团队成员目标一致，但缺少一个有威望的团队领导的指挥，团队成员也会陷入盲目状态，如图1-4所示。

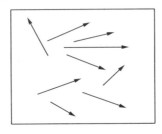

图1-4 团队缺少强有力的领导

6. 优秀团队的创建图

一个优秀人才团队的创建,需要经过如图 1-5 所示的一系列过程。

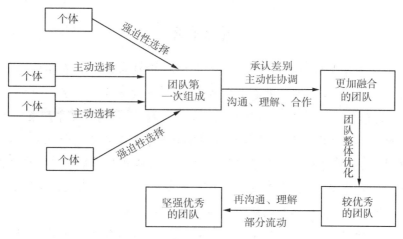

图 1-5　优秀团队的创建过程

猴子取食实验

美国加利福尼亚大学的学者做了这样一个实验:把 6 只猴子分别关在 3 间空房子里,每间 2 只,房子里分别放着一定数量的食物,但放的位置高度不一样。第一间房子的食物就放在地上,第二间房子的食物分别从易到难悬挂在不同高度的适当位置上,第三间房子的食物悬挂在房顶。

数日后,他们发现第一间房子的猴子一死一伤,伤的缺了耳朵断了腿,奄奄一息;第三间房子的猴子也死了;只有第二间房子的猴子活得好好的。

究其原因,第一间房子的猴子一进房间就看到了地上的食物,于是,为了争夺唾手可得的食物而大动干戈,结果伤的伤,死的死。第三间房子的猴子虽做了努力,但食物位置太高,够不着,它们被活活饿死了。只有第二间房子的两只猴子先是凭着自己的本能蹦跳取食。最后,随着悬挂食物的高度增加,难度增大,两只猴子只有协作才能取得食物。于是,一只猴子托起另一只猴子跳起取食。这样,它们每天都能取得够吃的食物,很好地活了下来。

 案 例 二

美味的汤

有一个陌生人来到一个村庄,他向迎面而来的村民说:"我有一颗汤石,如果将它放入烧开的水中,会立刻变出美味的汤来,我现在就煮给大家喝。"这时,有人找来一个大锅,也有人提了一桶水,并且架上炉子和木材,在广场上煮了起来。

这个陌生人很小心地把汤石放入滚烫的锅中,然后用汤匙尝了一口,很兴奋地说:"太美味了,如果再加入一点洋葱就更好了。"立刻有人回家拿了一堆洋葱。陌生人又尝了一口:"太棒了,如果再放些肉片就更香了。"有一个妇人快速回家端了一盘肉来。"再有一些蔬菜就完美无缺了。"陌生人又建议道。

在陌生人的指挥下,有人拿了盐,有人拿了酱油,也有人捧了其他材料,当大家一人一碗蹲在那里享用时,他们发现这真是天底下最美味好喝的汤。实际上那不过是陌生人在路边随手捡到的一颗石头。其实只要我们愿意,每个人都可以煮出一锅如此美味的汤。

1.2 团队训练

用 时	流程和内容	目 的	步 骤	物资及场地布置
15分钟	激情热舞。 要点:通过轻松的氛围,让学员释放能量。	暖场;建立亲和感。	1. 准备音乐,并调暗灯光。 2. 助教带头。 3. 教练共同参与。	劲爆经典轻音乐;满足学员数量的凳子。
15分钟	挑战习惯游戏。 1. 打招呼。 2. 插手练习。 要点:从不自觉的行为中,引发对习惯模式的觉察,同时从不舒服的新行为中,感受其对自我的控制。	引发自我觉察。	1. 打招呼(两个人面对面,右手搭在对方的后背上,轻轻拍一拍,做简单自我介绍:我叫什么?我的兴趣爱好是什么?)。 2. 插手练习比赛(左右手指交叉、松开,反复这个动作。观察自己在习惯动作下左右手的大拇指如何叠放。然后换一叠放方式,再重复交叉、松开的动作)。 3. 引导模式觉察。 4. 教练做特别打招呼、插手练习示范。	满足学员数量的凳子。

续表

用时	流程和内容	目的	步骤	物资及场地布置
15分钟	全员破冰。"抓&逃手指"游戏(游戏故事详见表格下方)。	融洽氛围、培养注意力、培养探究问题的动力。	1. 请学员将右手掌心向下,左手食指垂直向上,相邻者左右手连为一线。 2. 请学生听关键词后快速"抓&逃"。当听到老师接下来讲述的一段故事中出现"乌龟"两字时,迅速用右手抓握下面右边同学的食指,同时将自己顶在相邻左边同学掌心的食指逃脱。 3. 邀请所有人按以上规则做好准备。	—
45分钟	团队组建及诞生。 1. 选死党(尽量挑选不熟悉的异性作为死党)。 2. 根据学生人数,竞选出组长(组长由学员投票选举产生)。 3. 小组内成员破冰(团队成立欢庆仪式)。 4. 小组成员组内分享。 要点:组长的选择不只是针对本次课程,而要持续整个培训过程,所以组长的选择非常重要。	建立团队意识,提升集体荣誉感。	1. 死党分享话题:我的优点与缺点是什么?接下来,我可以为你付出什么? 2. 8~10人一组,两个死党必须在一个小组内,推选出组长,由组长做出带领团队的承诺(期间,老师不断给予肯定与鼓励)。 3. 欢庆团队诞生的仪式(各小组自拟)。 4. 小组成员组内分享话题:接下来的课程中,我可以为团队做什么事情?	一首振奋人心的音乐、一首舒缓的轻音乐、白板、白板笔(红、黑、蓝各一支)。

"抓&逃手指"游戏讲述的故事如下:

乌鸦和乌龟

森林里有一间小小的城堡,里面住着可怕的巫婆和她的仆人乌鸦,突然有一天,天上慢慢飘来一片片乌云,转眼间就乌黑乌黑的,什么也看不见,不一会儿就下起了大雨。在狂风暴雨中,巫婆听到有人在敲门,开门一看,原来是一只乌龟,还有一只乌贼。它们要求巫婆让他们进屋。巫婆同意了,可是乌鸦不同意,它和乌龟是多年的夙敌。雨越下越大,大家也越吵越凶,乌贼指着乌云对巫婆说:"雨这么大,乌鸦却不让我们进去,我和乌龟都会生病的,再不开门,我一定会让你的城堡变得乌烟瘴气。"最后,巫婆还是没有给他们开门。没多久,雨停了,太阳出来了,乌云也散了,巫婆和乌鸦这才打开门,看见乌龟已经冻得缩成一团。

游戏点评

1. 专注地听别人说话才能听得清楚,行动才能果断、敏捷。
2. 过分担心失败反而更容易做错。
3. 每个人均很容易受旁边人的影响,所以做判断时保持独立清醒的头脑是非常重要的。

1.3 过程展现

1. 培训过程剪影

图片选自某卓越团队训练营。

成员破冰:《抓 & 逃手指》游戏

选死党

组长竞选

选组长

组内分享

2. 学员分享

下面是雄鹰队组长王××的分享：

回顾过去走过的路，真的后悔莫及。高中时期的自己，性格内向，一味被动地接收老师教授的东西，不懂得变通。同学、朋友之间的关系处理得也不错，但真心朋友很少，有时候遇到不开心的事，只能藏在心里。我发现自己更加善于去倾听，很少主动表达自己内心的真实想法。

我有很多次渴望成功，每次一张纸上写满这阶段的目标。刚开始满怀激情要去完成这些目标，但最后能够实现的目标寥寥无几。我感到很郁闷，有段时间，我还专门去心理老师处辅导，老师认真地询问了我的情况，我记得她对我说："孩子，心态需要调整好。压力不要太大，学会去放松，做任何事情要以平常心去对待，既然有了选择，就去坚持到底，全力以赴，能否成功，不去刻意强求。"

旧事回想，难免会感到惋惜。高考失利，其实还是那时的自己没有全力以赴。进了大学，机会人人平等。有些人在大学里学到很多东西，找到了属于自己的目标；有些人却一无所获，最终被大学"上"了三年。大学时光是美好的，我必须要去做前者，所以我今天站在这里竞选组长，无论成功或者失败，我无怨无悔了！因为我全力以赴了。如果可以成功竞选组长，我相信自己，不会让我的组员失望，更不会让自己失望。

1. 职业核心能力训练的目的不是传授本领，更重要的是唤醒和激励。简而言之，教育不是灌满，而是点燃。

2. 王××类型的同学一旦得到唤醒后，就有了奋斗的目标和前进的方向。受到激励后，能激发他们前进的动力和增强拼搏的斗志。有了目标和方向，再加上动力和斗志，就等于走进了成功的轨道，最终就一定能到达胜利的目的地。

1.4 自省日记

1	近期发生了什么事情让自己困惑或矛盾？		
2	我的感受是什么？		

续表

3	由此我发现我是……?	
4	这件事带给我的正面价值和提示是……?(哪怕只有百分之一的价值,那会是什么?)	
5	接下来,我需要调整自己的是什么?	

第二节 培育团队——建设团队文化

王小小在企业里干了一段时间,表现不错。作为储备干部的她,受到了领导的肯定。

这一天晨会上,部门领导给了王小小一个额外的工作,为本部门设计出一个部门LOGO,为部门设定一个口号,确定一首部门歌曲。还有几个月要开公司年会了,部门领导想请在学校里就是文艺骨干的王小小牵头,负责此项目。

王小小很开心,她认为这是一次很好的展现自己组织能力的好机会。但是设计部门LOGO、设定部门口号、挑选一首部门歌曲,需要跟部门的同事一起商量决定,不可以自作主张。王小小做了几个备选方案,准备和大家一起来定夺。

好在大学里经常参加社团活动,对于积极分子王小小而言,对建设团队文化不算陌生。学校里学习到的东西,可以很快在单位里用起来,王小小暗自窃喜。

◆ 知识目标:
1. 了解团队文化的内涵和要素。
2. 了解团队文化的传播及其表现形式。

◆ 能力目标:
1. 掌握团队文化的培育方式。
2. 建设本小组团队文化。

1.1 理论知识

1. 团队文化

(1) 团队文化的内涵

团队文化是文化的一种表现形式,是团队在长期的实践过程中形成并为团队普遍遵守和奉行的共同价值观念。它反映和代表了组织成员的整体精神、共同的价值标准、合乎时代的伦理和追求发展的文化素质。团队文化以观念的形态,从非计划、非理性的因素出发调控着团队成员的行为,补充和强化着团队管理,维系着团队内部人与人之间的关系,团结着团队成员为实现团队目标而努力工作。

(2) 团队文化的内容

团队文化包括:团队发展战略和目标、团队管理制度、团队道德规范和行为准则、团队内部人际关系和文明建设、团队人才成长发展条件、团队文化活动等。

2. 团队文化的表现形式

团队文化需要借助于一定的形式来表现,需要人们基于可观察到的物象来推断,需要通过一定的渠道和途径以及表现形态传递给成员和外界,以利于解释、识别和学习。

(1) 团队文化的传播形式

团队文化需要借助一定的载体和形式加以传播、沟通和体现。团队文化主要的传播形式见下表。

形 式	内 容
礼仪和仪式	体现团队对成员的期望和要求。它以生动形象的形式,向成员灌输本团队的价值观。
英雄人物	英雄人物使团队价值观人格化,是成员学习的榜样,是团队文化的重要载体和传播形式。
故事	是指曾经发生的、能够体现组织的价值观,反映组织情境的,经过演化和加工而流传下来的叙述性事件。
物质象征	包括外在形象,如团队的名称、标志物、内外空间设计,劳动环境如色调、图书室,还包括办公条件、生活待遇、人员衣着等。
语言	是指在团队中特有的、常用的,体现团队的行为特点、工作性质、专业方向的专用术语。

(2) 团队文化的外在表现形式

团队文化通过一些可识别的外在形式表现出来。这些表现形式主要有:文字、符号表现形式,如标语、口号等;实物形象,如企业徽记、商标、产品、服务等;电子传播制品,如电视片、广告片、电子光盘等;活动与艺术表现形式,如各种集会、纪念会、文体活动等艺术形式。

3. 团队文化的培育原则

优秀的团队文化,是一支团队战无不胜、攻无不克的内因,是可以传承和沿袭的内在精神和气质。培育团队文化应从下面三方面着手:

(1) 将团队打造成信息共享平台

团队是一个需要实现团队总体目标,同时又要供全体成员实现个体目标和价值的平台。在这个平台内,要培育良好的团队文化,就必须将它打造成一个所有信息供全体成员共享的平台,全体成员共享信息和资源,以实现团队的价值最大化。

(2) 将团队打造成一个发挥个性的论坛

团队本身就是由角色不同、个性不一的成员共同组成的,所以这里的文化必须有内部民主的氛围,每位成员可以在这里挥洒自己的个性和特点,共同为团队的未来努力。

(3) 将团队打造成平等的工作平台

团队是一个全体成员学习、交流和工作的场所,它为每位团队成员提供了一个发挥能力的空间。在这里每一位团队成员可以发挥他的最大的想象力和创造力,让全体成员将自己最优秀的资源贡献出来以实现团队目标。所以在这里,全体成员在人格上是平等的。

4. 团队文化建设的措施

团队文化的核心是强调协作,只有团结协作才能成就共同事业,才能实现和满足团队成员的各自需求,因此有效的团队文化是组织获得成功的切实保障。团队文化建设的具体措施有:

(1) 发扬团队协作精神,相互配合

必须要从全局出发,所有人共同努力,紧紧围绕团队目标,相互协作,相互配合,才能做到寸土必争,以至最后取胜。

(2) 建立无间隙的沟通方式

可以常召开一些座谈会,同事间面对面地沟通,这才是最有效的沟通方式。

(3) 营造和谐的工作环境

以和谐的工作环境使每个成员在团队中不但干得好,还干得开心,从而不断增强企业的凝聚力。

(4) 彼此间相互尊重

人们只有相互尊重彼此的技术和能力,尊重彼此的意见和观点,尊重彼此对组织的全部贡献,团队共同工作才能比这些人单独工作更有效率。

(5) 不要忘记成员的家属

对员工家属的关怀往往更能抓住员工的心,因为在公司的种种表现让员工在家人面前很有成就感,满足了他们的"面子"问题。

（6）留意每个节日与成员的生日

节日庆祝与生日贺卡不仅仅是对成员的祝福,还可以调节日常的工作氛围。

5. 创造高绩效团队文化的八心

在团队文化的建设上,团队及团队管理者应将用心管理作为一项重要内容加以强化和提高,真正做到事事用心,处处用心。

措 施	要 求
尊重之心	尊重是一切社会活动的基础,团队尤其如此。团队应强调成员的主体意识和作用,让成员感知到被尊重,让成员从心里愿意为团队排忧解难,共谋发展。
期望之心	当团队对成员满怀期望时,成员的潜能就能不断地被激发出来,释放出巨大的能力,关键是要通过恰当的方式将期望表达给成员,让成员知道团队对他的期望。
合作之心	团队应把成员当成工作当中不可或缺的伙伴,强调成员的主动性和自我管理能力,和成员站在平等的地位,主动创建团队与成员的绩效合作伙伴关系,共同致力于绩效水平的提高。
沟通之心	沟通是诸多管理问题的共同症结所在,沟通能帮助团队处理人际关系,完成工作任务,达成绩效目标,否则就会出现管理混乱、效率低下等问题。
服务之心	团队要充分利用手中的职权和资源为成员提供工作上的方便,为其清除障碍,致力于无障碍工作环境的建设,让成员体验到管理的高效率和办事的高速度,不断鼓舞成员的士气。
赏识之心	团队要不断用赏识的眼光对待成员,使成员受到鼓舞和激励,尤其是成员做得优秀的时候。说出团队对他的赏识和评价,让成员感受到团队的真诚,激励成员的士气。
授权之心	授权赋能是高效管理的必备要求。团队只有把应该授予的权力授予成员,成员才会愿意对工作负责。团队必须在授权上多加用心,让授权成为解放自我、管理成员的法宝。
分享之心	分享是最好的学习态度,也是最好的管理方式。团队要在工作当中不断地和成员分享知识、分享经验、分享目标、分享一切值得分享的东西。

山雀与知更鸟的"免费早餐"

20世纪初,英国的乡村有一套牛奶配送系统,将牛奶送到顾客门口。由于牛奶瓶没有盖子,山雀与知更鸟常常毫不费力,便在顾客开门收取牛奶前,先一步享用。后来,随着厂商加装了铝制瓶盖,山雀与知更鸟便不再拥有这"免费早餐"。但到了50年代初期,当地的所有山雀(约100万只)居然都学会了刺穿铝制瓶盖,重开"免费早餐"的大门。反观知更鸟,只有少数学会,始终没有扩散到大多数。

很明显，山雀经历了组织学习的过程，借助个体的创新技能，传送给群体成员，成功增加了族群对环境的适应力。但问题是，为什么山雀可以，而知更鸟不能呢？

生物学家发现，山雀在年幼时期，就已习惯和同类和平相处，甚至编队飞行，而知更鸟则是排他性较强的鸟类，势力范围内是不允许其他雄鸟进入的，同类之间基本上是以敌对的方式沟通。因此，虽然两者同属鸟类，但和谐相处的山雀，比起互相敌对的知更鸟，更能学习互助，进化程度更高。

由此可见，在一个团队之内，如果内部竞争太激烈，成员之间互相敌视，就难以发展一个学习型的团队。要成为学习型团队，先决条件是必须有和谐的团队文化，团队才能互相分享知识，才能共同进步。

有些企业的管理者误以为内部竞争越强越好，甚至刻意制造很强的竞争文化，自以为这是高明的管理手段，殊不知这是在带领企业步知更鸟的后尘。

我们正是要创立一个真正的学习型团队，轻松和谐、相互学习、团结协作、分享创新！

 案例二

为什么人多力量不一定大

以前，中国有一句话叫作"人多力量大"。其实，在一个团队中，并不必然得出 1+1＞2 的结果，德国科学家瑞格尔曼的拉绳实验就能告诉我们这一点。

参与测试者被分成四组，每组人数分别为一人、二人、三人和八人。瑞格尔曼要求各组用尽全力拉绳，同时用灵敏的测力器分别测量拉力。测量的结果有些出乎人们的意料：二人组的拉力只为单独拉绳时二人拉力总和的 95%；三人组的拉力只为单独拉绳时三人拉力总和的 85%；而八人组的拉力则降到单独拉绳时八人拉力总和的 49%。

现代社会把人们组织起来，就是要发挥团队的整体威力，使团队的整体大于各部分之和。而拉绳实验告诉我们：1+1＜2，即整体小于各部分之和。这一结果向团队的组织者发出了挑战。

那么，到底如何才能提高团队的整体绩效呢？这就需要优秀的团队文化的引导。在一个团队中，只有在积极向上、目标一致的团队文化的引导下，每个成员都最大程度地发挥自己的潜力，并在共同目标的基础上协调一致，才能发挥团队的整体威力，产生整体大于各部分之和的协同效益。

1.2 团队训练

用时	流程和内容	目 的	步 骤	物资及场地布置
10分钟	兔子舞。 要点：通过轻松的氛围，让学员释放能量。	暖场；建立亲和感。	1. 准备兔子舞音乐，并调暗灯光。 2. 助教带头（演示兔子舞动作）。 3. 教练共同参与。	兔子舞音乐。
15分钟	组内分享（1）：上一周我在学习、生活中的收获是什么？ 要点：组内成员依次分享，当一个人发言的时候，其他人只需倾听并在结尾处给予掌声鼓励。	引发自我觉察；组内成员之间的破冰。	1. 组内成员依次分享，助教、组长带头做发言标杆。 2. 组内成员分享结束后形成共识并推选出分享内容最精彩的成员作为代表到公众面前分享。	一首舒缓的轻音乐；满足学员数量的凳子。
25分钟	团队文化建设：团队成员共识团队名称、队歌、队呼（团队口号），设计团队LOGO，制作团队旗帜。	提高队员之间的协作精神；开阔视野，及时发现问题、解决问题；营造和谐、蓬勃发展的团队。	1. 请助教、团队队长带领团队成员共识队名、队歌、队呼，设计团队LOGO，制作队旗。 2. 队旗设计要点：含有团队的LOGO、全体团队成员的签名，团队旗帜需要团队成员共同制作完成。 3. 排练队歌。助教、队长带头起立，带着队员们打开身心，开展排练。	若干水彩笔、大白纸，白板，黑、红、蓝色的记号笔各两支；一首舒缓的轻音乐。
25分钟	团队文化展示：成员介绍本团队的队名、队呼、队旗的制作灵感及队歌的演绎。	建立团队意识；提升集体荣誉感；增强团队成员的自信感。	1. 团队成员依次展示。 2. 邀请团队队长打分：每位队长有两次投票权，且不可以投给自己的团队。投票选出展示最精彩的团队，给予加分鼓励。	一首振奋人心的音乐。
15分钟	组内分享（2）：今天学习了什么？感受是什么？	引发自我觉察；归纳总结。	1. 组内成员依次分享。 2. 组内成员形成共识并推选出分享内容最精彩的成员作为代表到公众面前分享。	一首舒缓的轻音乐；满足学员数量的凳子。

1.3 过程展现

"非洲酋长"队在介绍队名、队旗、队徽、队歌、队呼

"九阳精英"队队员合影

1.4 自省日记

1	近期发生了什么事情让自己困惑或矛盾？	
2	我的感受是什么？	

续表

3	由此我发现我是……？	
4	这件事带给我的正面价值和提示是……？（哪怕只有百分之一的价值，那会是什么？）	
5	接下来，我需要调整自己的是什么？	

第三节 关于信任——融入团队氛围

年会上，王小小设计的队歌、队呼、队名及部门LOGO，让公司的人都很惊讶。她像一只小精灵，同事们共睹了这个小姑娘的活力。

进公司一年了，她踏实认真，谦虚谨慎。与她同进企业的人都选择跳槽了，唯独她没有。进公司第一年她被评为"年度闪亮新星"。她在年会上说："这一年，我感受到了公司赋予我的一个词，这个词对于我而言非常重要，也是我一直以来坚持与前行的动力，它就是信任。我们的部门领导相信我，让我独立完成一些工作。她鼓励我不懂就问，犯错误不怕，怕的是不懂装懂；我刚刚步入职场，完全是只职场小菜鸟，同事们不厌其烦地带我教我，从来不有所保留。我感谢身边的人对我的相信，我会继续努力的。"王小小一番质朴的话，赢得了阵阵掌声。

◆ **知识目标：**
1. 了解融入团队的心态。
2. 掌握团队的组建方法。

◆ **能力目标：**
1. 内化本小组团队文化。
2. 提升团队意识。

1.1 理论知识

1. 融入团队的心态

作为一名团队成员,首先要具有如下表所示的三个能够融入团队的心态:

低	即放低姿态。无论你以前获得过多少值得炫耀的业绩,新到一个单位,切记自己是重新开始,尊重每一个老同事,不要对别人的行为评头论足。
忍	小不忍则乱大谋。面对周围人的冷言冷语甚至小动作,不公开,不回应,不传播,不介入,兢兢业业做好自己的工作。忍还表现为情绪克制和行为谦让,以免激起破坏性冲突。
和	即与团队融合。加快融入团队的进程,迅速变成"自己人"。沟通要从心开始,在新团队中尽快找一两个可以很好交流的新朋友,扎下根基,通过个别人的认可逐步获得整个团队的认可。

2. 融入团队的益处

作为一名团队成员,快速融入团队有如下三个益处:

(1)有助于解决问题

我们常听到两个有意义的名词:一个是综效,主要是指用团体的群策群力解决问题的能力及效果;另一个是相乘效果,当然适用于"一加一等于三"或"三个臭皮匠,胜过诸葛亮"的说法。

(2)有助于获得安全感

在团队以外,个人的学习经验、知识技能等资源都会感到不足。而团队能提供学习机会、对错误的包容以及个人发展空间。在团队中的安全感远大于"单打独斗"。

(3)能满足心理需求

在团队中可以得到归属感、亲和力、自尊心以及自我实现等心理需求。归属感及亲和性是由于工作场所已形成了一个小型的社交、联谊中心。遭受挫折时,有人给你安慰;得到奖赏时,有人和你分享。这些心理上的需求满足会给个人带来激励。

3. 融入团队的方法

要融入团队,首先必须了解你的团队,如团队的历史、性质、产品、规模、体制、优劣势等;要融入团队,还必须热爱你的团队,热爱你的工作,要通过你的努力获得大家的帮助;要融入团队,还必须竭力推荐自己,让大家了解你;要融入团队,最后要掌握融入团队的技巧和方法。下表列出了具体融入团队的方法。

方　法	表　现
处理好与领导的关系	不同的领导需要我们用不同的方式相处。要学会尊重领导和他的价值观、行为方式以及兴趣爱好，不要形成对领导的威胁。必要时还要有和领导共同的兴趣爱好，以便有更多的共同语言，不能让领导觉得你可有可无。
处理好与同事的关系	要有执行力，使你成为大家需要的人。要积极参与团队的各类集体活动，和大家建立良好的人际关系，以便大家能够尽快了解你，增加对你的信任感，解除对你的隔膜。对同事要一视同仁，避免亲疏有别，把自己划入某个小圈子。
多为他人考虑	一个忠于职守的团队成员做事应多为团队考虑，大到出差，小到复印资料，在保证完成好本职工作的前提下，应该本着高效节约的原则，能省则省，一个处处为团队考虑的人肯定受欢迎。
做个好的听众	不要高谈阔论，滔滔不绝，当别人提出话题时，不能扭头就走。工作中仔细听，代表我们专心、细心、想把事做好；同事或主管表达意见或提出指示时，应该专心而诚恳地倾听，好听众也是对他人的尊重。
承认别人的价值成就	当别人取得成就时，不能有如此的想法：他有什么了不起的，那种小事，谁都可以做。这种想法会妨碍你进步，更会制造隔阂。相反，应该随时让别人知道在你眼中他很有分量。

4. 学会团结

在团队中，无论你的经验有多丰富，水平有多高，单打独斗都是不可能取得巨大成就的。只有融入一个优秀的团队，才能实现优势互补，达到完美的境界。在新的工作环境中，你可以采用以下方法，快速团结其他成员。

（1）将工作视为团队的工作

在办公室狭小的空间里，以团队为重的姿态是最受推崇和欢迎的。个人英雄主义不能让自己出人头地，任何工作早已是系统控制中的一部分，越是管理好的公司，个人越权的机会越少，视个人的工作为团队的工作，这样的好处多多。

（2）多赞美，少批评

要想做个被人团结或者团结他人的人，一定要学会用赞美的眼光而非挑剔的眼光看待同伴，我们每个个体都有自己的长处和短处，且性格差异很大，所以一定不能用自己绝对主观的价值观去评判同伴。赞赏是认同的一种表现形式，赞赏也是同伴之间的润滑剂。不需要虚伪，只要用心发现同伴的长处，那么所有的赞赏都是美丽的。

（3）培养开朗的性格

如果你拥有一个开朗的性格，你的世界就会拥有快乐，其他团队成员就会主动拉近与你的距离。孤僻的人不但经常遭到非议，而且也很容易被孤立。融入新的团队的最好办法是主动出击，用你的热情来对待所有团队成员。从现在开始，露出你的牙齿，学会微笑。

（4）享受团队成功的喜悦

团结最简单的表现形式就是齐心协力。一个团结的队伍，首先要有享受团队成功的愿望和勇气，并愿意为此付出。认同一个团队的目标，并分工协助。这也是为什么那些对团队成功表现相当冷漠的人，自己非但没有动力而且也不会融于团队的氛围中。将团队成功的喜悦当成自己的喜悦，你才会发现工作是那么的有趣。

（5）与同事竞争不能太过张扬

面对晋升、加薪等职场上的关键问题，不能放弃与同事公平竞争的机会，但应抛开杂念，绝不能耍手段。面对强于自己的竞争对手，要有正确的心态；面对弱于自己的对手，也不能太过张扬和自负。千万要记住：如果与同事意见有分歧，完全可以讨论，但绝对不能争论，应该学会用无可辩驳的事实及从容镇定的态度来表达自己的观点。

小 A 的烦恼

小 A 是一名刚入职不久的职场新人。入职前，她心中最大的担忧就是怕自己难以融入这个新团体。这与她的出身有关，小 A 在来到一线城市工作之前都在农村生活，地域性上的落差，让她对一些事物的认知度和熟悉度受到了极大的限制。这导致她很难在同事们的聊天中插上话，除了业务，小 A 对其他事物了解极少。这为她的人际关系设了一道障碍，让她感觉自己无法和团队中的其他成员打成一片。

职场新人进入新环境中工作时，最好能够先观察工作环境，了解公司的工作氛围是开放还是保守，同事之间的交流方式是直接还是含蓄，同事的穿着打扮是正式还是休闲，部门与部门之间的合作是顺利还是曲折。由于不同公司都有其差异性，所以新人要学会主动和同事沟通，无论是工作事务还是热点新闻，要尽力去了解每个人的习惯和喜好。实在找不到话题，谈论天气也是打破僵局的杀手锏。

团队合作，互帮互助

在一个天气晴朗的日子，小刺猬一边哼着美妙的歌曲，一边漫不经心地散步，走着、走着，突然，一个东西砸在他的头上。

"哎哟！谁这么缺德？"他狠狠地骂了一句。仔细一看，原来是一个又大又圆的红苹果从树上掉了下来,他赶紧捡起地上的苹果,用衣服擦了擦,狠狠地咬上一大口,苹果又甜又脆,煞是好吃。

小刺猬吃完这个苹果,还不满足,又拿起一块石头向苹果树投去,可是它个子特小,本身没有那么大力气,石子还没有投到苹果,便落了地,他又爬到树上去摘,但自己的手臂太短,苹果树枝条太细,小刺猬无可奈何只好放弃。小刺猬刚要走,猛一抬头,往远处一看,看见一只小山羊站立在山头,它便高兴地跑了过去。

小山羊看到小刺猬着急地问:"出了什么事?"

小刺猬首先用手指了指,喘着粗气,又在小山羊耳旁悄悄地说了几句,小山羊如同得到了"圣旨",高兴地手舞足蹈。

小刺猬牵着小山羊的手,飞快地向苹果树跑去,顷刻之间,他们就来到苹果树下。

小山羊开始用头撞苹果树,每撞一下,树上就掉好几个苹果,就这样,他们俩一个撞,一个拾,不一会儿,就捡了像小山似的苹果堆。

他俩兴奋无比,一屁股坐在地上,一边吃香甜美味的苹果,一边交谈着团结合作、互帮互助的道理。

1.2 团队训练

用时	流程和内容	目 的	步 骤	物资及场地布置
10分钟	破冰游戏:桃花朵朵开。 要点:通过轻松的氛围,让学员释放能量。	暖场、破冰;建立亲和感。	1. 准备《桃花朵朵开》音乐,并调暗灯光。 2. 大家围成一个圈,向左或者向右跑起来。教练说:"桃花桃花朵朵开。"队员问:"开几朵?"教练会突然报出一个数字,比如"5",那么队员必须快速地5个人在一起,不能多也不能少。多了或者少了,就请他们出来表演节目。	《桃花朵朵开》音乐。
15分钟	组内分享:上一周我在学习、生活中的收获是什么? 要点:组内成员依次分享,当一个人发言的时候,其他人只需倾听并在结尾处给予掌声鼓励。	引发自我觉察;组内成员之间的破冰。	1. 组内成员依次分享,助教、组长带头做发言标杆。 2. 组内成员分享结束后形成共识并推选出分享内容最精彩的成员作为代表到公众面前分享。	一首舒缓的轻音乐;满足学员数量的凳子。

续表

用时	流程和内容	目的	步骤	物资及场地布置
25分钟	"风中劲草"游戏：团队课程中建立信任部分。具体操作程序见步骤模块。	让学员感受到信赖对团队的重要性；体会信任是如何在团队中建立的。	1. 教练宣布：现在我们要做一个风中劲草的游戏。这个游戏要求每位学员都要做一次"草"。现在说明规则并做一个"草"的示范。 规则： （1）学员围成一个向心圆，"草"（教练）站在圆的中央。 （2）"草"双手抱在胸前，并拢双腿，闭上眼睛，身体绷直地倒下去。倒的整个过程中不能移动双脚，且双腿不能分开。就像一个"不倒翁"的样子。倒下之前，"草"要问："我要倒下去了，你们准备好了没有？"当全体团队成员回答"准备好了"时，"草"可以选择向任何方向倒下去。"草"倒向哪个方向，站在那个方向的团队成员就要在"草"即将要倒在自己身上时，伸出双手把"草"轻轻推向另一个任意方向，注意用力不要太猛。 2. 在教练示范完后，让小组成员开始做此游戏。每个人都要做一次"草"。	《小草》音乐。
25分钟	组内成员讨论： 1. 在这个游戏中你感觉到什么？ 2. 你是第几个做"草"的，为什么是/不是第一个？ 3. 在游戏中最难的地方是哪里，下次你会怎样改进？ 4. 在游戏中，你感觉团队的合作精神怎样？是否有信任感？	建立团队意识；提升集体荣誉感；增强团队成员的信任度。	在这个游戏中你感觉到什么？ 你是第几个做"草"的，为什么是/不是第一个？ 引导方向/总结：完全信任所有人，并且内心里不会感到恐惧时，就会倒下去。如果有证据表明人倒下去是安全的（比如先尝试的人没有受伤），那就会克服恐惧心理，愿意亲身试一试。 在游戏中最难的地方是哪里？下次你会怎样改进？ 教练分析：实际上越是不敢笔直地倒下去，越是给接的人造成困难，下次应该更笔直地倒下去…… 在游戏中，你感觉团队的合作精神怎样？是否有信任感？ 引导方向：接的人可以尽量用各种方式让"草"感到安全。比如用语言给"草"鼓励，集中注意力，不嘻嘻哈哈或交谈等。	水彩笔、大白纸若干；白板；黑、红、蓝记号笔各两支；舒缓的音乐一首。

续表

用 时	流程和内容	目 的	步 骤	物资及场地布置
15分钟	归纳总结:信任的五个C,即关怀(CARE)、勇气(COURAGE)、相关能力(COMPETENCY)、清楚的期望(CLEAR EXPECTATION)、持续一致(CONSISTENCY)。	引发自我觉察;归纳总结。	1. 组内成员依次分享。 2. 组内成员形成共识并推选出分享内容最精彩的成员作为代表到公众面前分享。	一首舒缓的轻音乐;满足学员数量的凳子。

1.3 过程展现

游戏"风中劲草"

组内成员总结、讨论

1.4　自省日记

1	近期发生了什么事情让自己困惑或矛盾？	
2	我的感受是什么？	
3	由此我发现我是……？	
4	这件事带给我的正面价值和提示是……？（哪怕只有百分之一的价值,那会是什么？）	
5	接下来,我需要调整自己的是什么？	

第四节　感受责任——培养主动工作习惯

　　王小小原本一直在部门里做内勤,部门领导觉得小姑娘能言善辩,人际关系处下来也不错,让她试试走出去与客户沟通。

　　那天,领导把她喊进办公室,给了她一套客户的联系方式及之前合作的一些记录,并告诉王小小:"你认真研读一下这些材料,尝试着主动与这些单位的人联系沟通。熟悉一下这些客户,一周之后告诉我学习的结果。"领导轻描淡写地给出了任务,王小小感受到了责任的重大。晚上下班了,她没有着急立即回家,而是熟悉领导给出的联系方式,了解此前的合作记录,并主动到网络上搜索这些单位的主页,研读了这些企业的企业文化,深入了解这些客户的需求,她决定次日逐一打电话给这些客户的采购部门,邀请他们聊一聊。那天晚上,她独自在办公室里忙到很晚……

◆ 知识目标:
  1. 了解责任的内涵。
  2. 了解积极工作的具体表现。

◆ 能力目标:
  1. 明确本团队成员责任。
  2. 提升积极工作意识。

1.1 理论知识

1. 勇于承担责任

每一个职场新人都应牢牢记住这句话:"这是你的工作!"不管碰到什么问题,不管遇到什么阻碍,我们都要服从团队的命令,承担团队的责任。只有具有团队责任的人才能在竞争激烈的职场中有良好的发展。

(1) 团队责任

作为团队,责任体现为以效率和效益为中心,创新发展;遵纪守法,做社会公民;爱护成员,使成员健康成长;尊重合作伙伴,平等互利,合作共赢,实现共同成长;爱护团队客户,关注需求,倾心服务,实现价值共享;热心社区公益,奉献爱心,营造和谐,实现共同进步。

(2) 团队成员责任

作为团队成员,要对自己负责,修身正义,健康成长;要对团队负责,尽心尽力,尽职尽责;要对家庭负责,奉养尊亲,忠诚慈爱;要对社会负责,明礼诚信,爱国守法。

责任是成就事业的可靠途径。责任出勇气,出智慧,出力量。有了责任心,再危险的工作也能减少风险;没有责任心,再安全的岗位也会出现险情。责任心强,再大的困难也可以克服;责任心差,很小的问题也可能酿成大祸。

2. 积极主动工作

工作积极主动的人往往具有不断探索新办法来解决问题的职业精神,会对团队的长远发展做出贡献。团队需要的人才不仅要具有专业技术知识,更需要那些工作积极主动、热情自信的人。

培养主动工作的习惯需要做到以下几点:

(1) 自动自发

不必领导交代,主动地去完成自己应该做的事,一定会让你获得不错的声誉。

(2) 贵在坚持

职业生涯中,成功需要具备两个重要条件:坚持和忍耐。只要有坚强的意志,一个庸俗平凡的人也会有成功的一天;否则,即使是一个才识卓越的人,必然会遭受失败的打击。

（3）勇于承担

你的工作堆积如山,而此时领导却又给你布置下来新的任务。请千万不要有任何怨言,你应该把领导交给你的重任,看作是领导对你的信任,要有勇气承担,关键时刻显示你的胆略、勇气及能力。

（4）充满激情

那些对工作充满激情的人,犹如熊熊火炬,既能燃烧自己,也能感染影响别人。

成果领导方式

在芬兰有一家叫索尔的清洁公司,其管理方式很有特点。索尔清洁公司有2500名职工,主要业务就是提供清洗服务、处理垃圾、出租清洁织物等。服务对象有机场、医院、商店、食品店、制药厂、仓库、地铁车站、公司企业、办公机构等。在芬兰21个城市设有1000多个服务点,营业额在800多家同行公司中排行第二。职工常常一个人在没有任何监督的情况下独立工作,自觉地为客户提供优质服务。据该公司总经理莉萨女士介绍,这种状态关键在于采取了"成果领导方式"。这种方式是由领班和清洁工根据工作计划自定工作指标,公司监督指标的完成情况,公司只看成果,不看工时,根据工作成果向职工付酬。公司向客户发送服务质量跟踪表,由客户每月填写对服务工作的满意程度及希望和要求。在调查表的下端有五个喜怒哀乐的脸谱,其表情从大笑到愤怒,分别表示满意、较满意、一般、不太满意、不满意。客户可在相应的脸谱上打上记号,表明自己的态度。据这些年的统计,有3/4的客户对索尔公司的服务满意,近1/4的客户比较满意,有个别客户表示还不太满意。顾客每月都填写跟踪表,领班根据顾客填写的服务跟踪表每月向总部交一份经营状况和质量方面的书面报告,公司根据成果发放薪酬。如果超额完成指标还可以多拿到30%左右的弹性工资。这一套成果管理方式提高了职工的自觉性,赢得了客户的满意度,公司的营业额连年上升。

秘书的"主动性"

某县工商局办公室谢秘书星期天值班,下午5点,接到一个紧急电话。电话内容是:局里的一辆面包车与外单位的一辆大卡车相撞,面包车的司机及车内三人重伤,

车损严重,不能开动,特请求局里急速处理,秘书做好电话记录,思考了四种处理办法:

一是等到第二天上班时,向领导汇报后,再按领导指示办;二是立即向主管领导汇报,请领导亲自到现场处理;三是自己立即到现场去做紧急处理;四是用电话方式联系有关部门,然后再向领导汇报。

谢秘书采取了第四种办法。具体做法是:先给出事现场附近的直属单位工商所打电话,请他们派人去保护现场,并妥善保护好伤员;给县医院打电话,请他们立即派救护车去现场抢救伤员,并请外科住院部做好抢救伤员的准备;给交警队打电话,请他们立即派人去现场处理事故;最后,打电话给局领导,汇报事故情况及自己处理的情况。此外,秘书在紧急时刻坚守岗位,随时关注事态的发展,并协助领导做一些联络事务。

1.2 团队训练

团队训练见下表。

用时	流程和内容	目的	步骤	物资及场地布置
10分钟	兔子舞。 要点:通过轻松的氛围,让学员释放能量。	暖场;建立亲和感。	1. 准备兔子舞音乐,并调暗灯光。 2. 助教带头(演示兔子舞动作)。 3. 教练共同参与。	兔子舞音乐。
15分钟	组内分享(1):上一周我在学习、生活中的收获是什么? 要点:组内成员依次分享,当一个人发言的时候,其他人只需倾听并在结尾处给予掌声鼓励。	引发自我觉察;组内成员之间的破冰。	1. 组内成员依次分享,助教、组长带头做发言标杆。 2. 组内成员分享结束后形成共识并推选出分享内容最精彩的成员作为代表到公众面前分享。	一首舒缓的轻音乐;满足学员数量的凳子。
50分钟	拓展游戏:报数,也叫"负责任的传递"。 报数,一个看似简单的游戏,却包含着诸多的责任,从一个简单的游戏中就可以体会到在平时的工作、学习和生活中领导和父母的压力和责任。	提高队员的责任感;培养队员体恤他人、主动工作的习惯。	具体步骤见表格下方。	可调控式灯光;两个蓝色射灯;冥想词;配套音乐。
15分钟	组内分享(2): 1. 今天学习了什么? 2. 今天有何感受? 3. 写下对父母、老师或者领导最想说的却从未说出口的话,并亲手交给他们。	引发自我觉察;归纳总结。	1. 组内成员依次分享。 2. 组内成员形成共识并推选出分享内容最精彩的成员作为代表到公众面前分享。	一首舒缓的轻音乐;满足学员数量的凳子。

1. "负责任的传递"游戏流程

① 学员全部站在教练面前。

② 请所有学员按自己的方式分成 A、B 两组,要求 A、B 两组的人数绝对相同。助教可参加。

③ A、B 两组各站一边。

④ A、B 两组各诞生一男一女两位队长,队长一定要自愿,不能推选。

⑤ 让 4 位队长承诺:愿意为自己的团队负起责任,无论在怎样的情况下都无怨无悔。多问几次,是不是下定决心了。

⑥ 宣布比赛规则:第一条,绝对服从裁判。第二条,如有不服,参照第一条。

⑦ 比赛规则:报数,输的一组,第一次输,队长做俯卧撑 10 次,第二次输做 20 次,第三次输做 40 次,第四次输做 80 次。

判定输赢的标准为两条:(a)整队人报完数的时间,可以按照哪组最短为赢;(b)哪队有错误直接判定为输。

⑧ 全程要求学员保持安静,可用台词互动。教练喊:"最高品质。"学员答:"静悄悄。"

⑨ 给 5 分钟时间各队自行训练(队长不参加报数)。

⑩ 比赛时要求 4 位队长面向主席台,但看不见主席台情况。

⑪ 进行第一次比赛,比赛中如有报错情况,直接判输。队长回到队伍面前,面向对手这一队弯腰说,"愿赌服输,恭喜你们",赢得一阵大笑。

⑫ 给 4 分钟时间训练,再比赛;给 3 分钟时间训练,再比赛;给 2 分钟时间训练,再比赛。

注:做俯卧撑的队长累了后,只能趴在地上休息,不能站起来,也不能坐起来,脸朝地面。灯光随着做的次数慢慢地暗下来。

⑬ 当有队长做了多个俯卧撑,累得爬不起来的时候,只留下两束蓝光,关掉其余灯光,要求全部队员围着这两名做俯卧撑的队长,配上低沉的音乐,开始引导做冥想。

⑭ 引导完后,让学员把队长都抬起来做摇篮。

⑮ 小组分享,学员上台分享。

2. 注意点

① 当队长做得较慢或起不来时,非常大声的说,"做领导呀,这就是做领导,怎么了,后悔了吧","这就是领导的责任",不断地这样说。

② 事先要在场中间的地方留两个大红点,要让做俯卧撑的队长胸口中间对着红点做,以便灯光直接射到背心,两名队长的手要刚好能贴在一起。

③ 要准备两个蓝光的射灯,定向(教练与助教在开展培训课前的准备工作,明确活动方向,保证活动效果)前,叫两个助教先做一下看看灯光的效果。

④ 活动定向前,请助教定向好,当所有学员围上去时,先叫他们围一个内圈,不

准有人动他们。

⑤ 活动中有学员受不了,要一起做或帮队长做,且说明任何人犯规,队长加做30个。

⑥ 8~10个学员分为两组,面对面把队长托举起来,其他人可围在旁边,轻轻地摇晃着。配上音乐"明天会更好""祈祷"。

3. 游戏流程灯光

① 全场需有可调控式灯光。

② 需备有两个射灯,在最后冥想时使用,使用蓝色的光。

③ 做摇篮时灯光全黑。

4. 冥想词及配套音乐

在队长累得趴下时,只留两个射灯。

音乐:神秘园第一张第三首。

开始冥想:把自己完全投入进去,用非常低沉的声音说:

看一看他们两位队长的背影,像不像你工作中的哪一个人,像不像你的老总、经理、领导、上司,他们表面上风光无限,坐在高高的位置上,但你可知道他们为企业的发展担负着多大的责任,承担着多大的压力,有时候被你们抱怨,有时候被更高的领导斥责,看着他们的背影,知道吗,现在的他们跟现实一样,就因为你的一点点失误,造成了他们多大的压力,就是因为你的不负责,给他们造成多大的痛苦。如果我们没有责任,我们会怎么样……

看一看男队长的背影,他像你生活中的哪一个人?像不像你的父亲?这个背,背过你多少次?为了担负起家庭的责任,是不是也常像这样疲惫?为了家庭,为了让你健康的成长而在外奔波、劳累,他为这个家付出了多少?但是你想过吗?他身上穿的是什么?平时省吃俭用为了这个家庭,而你有时候还埋怨家里人对你不好,只因父母有时候不能满足你的要求。你知道吗,他心里多么爱你,他也想让自己的儿女生活得更好,但是他没有能力呀……他的双臂,承担着家庭多大的压力与责任呀。你离开他多久了?想过他吗?为什么平时都不和父母联系呢?你知道他最需要的是什么吗?不是钱,而是你在外面能够健康地成长,他的愿望就是自己的孩子能过得好一点……

(注:立即放"父亲"这首歌)

音乐:神秘园第一张第十三首开始,再看一看女队长的背影,像我们生活中的哪一个人?像不像你的母亲?为了你的成长,任劳任怨,她的那双现在已变得粗糙的手,为你做了多顿饭?为你洗了多少件衣服?还记得妈妈年轻时的样子吗,而现在的她是什么样子,(大声)她已经老了。(立即放"烛光里的妈妈"这首歌)

接着播放音乐"明天会更好",让学员将四个队长抬起来做摇篮,最后播放音乐"祈祷"。

1.3 过程展现

"负责任的传递"游戏

写下对父母、老师、领导最想说却从未说出口的话

1.4 自省日记

1	近期发生了什么事情让自己困惑或矛盾？	
2	我的感受是什么？	

续表

3	由此我发现我是……？	
4	这件事带给我的正面价值和提示是……？（哪怕只有百分之一的价值,那会是什么？）	
5	接下来,我需要调整自己的是什么？	

第二章 体会沟通

有效沟通越来越多地被应用在企业管理上,常见主流商业管理课程如 EMBA、MBA 及其他各类企业培训等,均将"有效沟通"作为管理者必备的一项素质要求。所谓有效沟通,是指通过听、说、读、写等载体,通过演讲、会见、对话、讨论、信件等方式将思维准确、恰当地表达出来,以促使对方更好地接受。管理沟通,从其概念上来讲,是为了一个设定的目标,把信息、思想和情感在特定个人或群体间传递,并且达成共同协议的过程。沟通是自然科学和社会科学的混合物,是企业管理的有效工具。沟通还是一种技能,是一个人对本身知识能力、表达能力、行为能力的发挥。无论是企业管理者还是普通的职工,都是企业竞争力的核心要素,做好沟通工作,无疑是企业各项工作顺利开展的前提。

在本章中我们安排了如下内容:

- 非语言沟通 ——身体语言及沟通礼仪。
- 3F 倾听技术——沟通的原则。
- 学会赞美 ——沟通的技巧。
- 四型性格剖析——沟通对象的认识。

第一节 非语言沟通——身体语言及沟通礼仪

这天一大早,王小小兴冲冲地跑进经理办公室。

经理,你上次让我和那家新开发的工厂洽谈新产品零部件的采购事宜,对方的报价比其他竞标厂家低出近 30%,唯一的条件是需要公司先付一半的定金。我和对方的业务代表谈判一个多小时,在此期间,他非常的不安,左手的小动作不断,不是推眼镜就是擦鼻子,说话时眼睛还时不时地向右上方斜视,并频繁地舔嘴唇。我突然想起了《别对我说谎》中莱特曼博士所说的"眼睛往左看表示回忆,往右看则编造谎言。"于是,我没有马上签订合同,而是找调查机构查询对方的资质,最后发现对方竟是一家皮包公司。幸好当时没有签合同,不然就被骗50万了。

经理表扬了王小小的机灵,也提醒其他员工在以后的工作中要谨慎,多留个心眼。

◆ **知识目标:**
1. 了解非语言沟通的内涵。
2. 掌握沟通礼仪的原则和内容。

◆ **能力目标:**
1. 学会运用非语言沟通。
2. 提升主动沟通意识。

1.1 理论知识

1. 面部表情

人处于轻松或紧张、高兴或生气、欢喜或忧愁状态下,面部会呈现不同的表情。积极的面目表情是真诚的、友善的。自信的表情会让人觉得充满希望,活力十足,富于魅力。消极的表情往往表现为冷淡或面无表情,头转向别处,或冷笑、轻蔑地笑、撇嘴、撅嘴等。

嘴巴是说话的器官,也是摄取食物和呼吸的器官之一,它有吃、咬、吮、舐等多种动作形式。这些动作形式也传达丰富的情绪信息。

（1）抿住嘴唇往往表现为意志坚定,如果抿紧嘴唇,且避免接触他人的目光,可能表明心中有某种秘密,此时不想暴露。

（2）嘴自觉地张着,呈现出倦态疏懒的模样,说明可能对自己所处的环境感到厌烦。

（3）撅着嘴则有不满意和准备攻击对方意思。

（4）注意倾听对方谈话时,嘴角会稍稍向上拉。

（5）遭到失败时,咬嘴唇是一种自我惩罚的动作,有时也表明自我解嘲的内疚的心情。不满和固执时,嘴唇往往下拉。

2. 眼神

眼睛是心灵的窗户,眼神在面对面沟通中有极其重要的功能。眉目传神,目光中能折射出你的内心世界,从目光中可以看出你的友善、关注、迷惑不解或愤怒。心理学家海斯在《暴露真情的眼神》一书中说到,在人类所有的沟通信号中,眼神是最能说明问题、最准确的信号。人的目光与表情是相一致的,但是有时眼神与表情会出现分离。在这种情况下,透露人们内心真实状态的有效线索是眼神,而不是表情,因为表情是可以伪装的。

专注的目光表示对对方的尊重,仔细倾听;东张西望表示心不在焉;眼望天花板,或看地面表示对对方的谈话不感兴趣。

在一定的光线条件下,瞳孔会随着人们的态度和情绪的变化而放大或收缩。当人们激动或兴奋时,他的瞳孔可能比平常扩大4倍。当人们生气、情绪不好的时候,瞳孔可能成为人们通常所说的"蛇眼"。

眼球运动的方式也是内心思考问题的线索。眼球向右上方表明在思考构想出的、想象中的图像;眼球向左上方表明在思考记忆中的图像;眼球向右方表明在思考构想出的、想象中的声音;眼球向左方表明在思考记忆中的声音。

斜视既可以表示感兴趣,也可以表示敌意。当它同眉毛微微竖起或者同微笑结合在一起时,它表达的是感兴趣,常常被用作求爱的信号;当它同皱眉、眉毛下垂或者嘴角下垂结合起来时,则反映了怀疑、敌对或者批评的态度。

3. 身体动作

用手势可以传达各种信息,还可以表达你的内心情感,如站在路边对出租车一招手,司机就明白你要打车。

(1) 手的姿势

- 搓手——表达一种美好的期待。
- 双手攥在一起——表达失望、消极的态度。这个手势有三种姿势:举在面前、放在桌面上或站立时放在大腿前。其中,手举得越高,失望的程度越大。
- 指尖相碰——两手指尖合拢,形成一种"教堂尖塔"式的手势。这是一种有信息的动作,有时也是一种装模作样的、妄自尊大的、独断而又傲慢的动作。做出这种姿态的人,所说的话,都是十分肯定的。
- 用手捂嘴,拇指抵住下巴、触摸鼻子、揉眼睛、揉耳朵、拽领口——撒谎的明显姿势(有些人用假咳嗽来代替这些姿势)。同样,当你说话时,对方做这些动作则意味着他觉得你在撒谎。
- 把手指(或者香烟、烟斗、笔)放在嘴上——面临压力,需要安慰。
- 把手放在面颊上——对谈话者感兴趣的评价。
- 把手放在面颊上,并用手掌根部支撑头——失去兴趣,已厌烦。
- 食指垂直指向面颊,拇指支撑下巴——对讲话人不满,或持批评态度。
- 拍头——遗憾、自责。拍打前额或者后颈表示自责的程度不同,后者的情感成分更为强烈。
- 双手交叉放在脑后——显示自信和优越感。通常被会计师、律师、银行经理等具有优越感的人所采用。

(2) 手臂和腿的姿势
- 双臂交叉着横抱在胸前——这是一种保护自己身体的弱点部位、隐藏个人情绪以及对抗他人侵侮的姿态。这是防卫抗拒的信号,甚至是带有敌意的暗示。
- 部分交叉着手臂(一只胳膊从身体前面伸过去握住另一只胳膊)——掩盖自己的紧张情绪。另外,在身前双手相握也是同一个意思。
- 双手叉腰——信心、能力和进行控制的决心。
- 腿交叉——当心中不安,或想拒绝对方时,一般人常常将手或腿交叉。这是在无意识中,企图保护自身的心理表现和不让他人侵犯自己势力范围的防御姿势。
- 交叠脚踝——人在紧张或压抑自己的强烈情感时,不自觉地会采取这种姿势。

4. 坐姿和站姿
- 坐下时身体略微倾向交谈的对方,并伴随着微笑、注视——热情和兴趣。
- 坐下时微微欠身——谦恭有礼。
- 坐下时身体后仰——若无其事与轻慢。
- 坐下时侧转身子——厌恶和轻蔑。
- 双方交谈时端坐微向前倾——认真倾听。
- 站立时习惯把双手插入裤袋的人——城府较深,不轻易向别人表露内心的情绪,性格偏于保守、内向,凡事步步为营,警觉性极高,不肯轻信别人。
- 站立时习惯于把一只手插入裤袋,而另一只手放在身旁的人——性格复杂多变,有时会极易与人相处,推心置腹,有时则冷若冰霜,对人处处提防,为自己筑起一道防护网。
- 站立时不能静立,不断改变站立姿势的人——性格急躁,身心经常处于紧张状态,而且不断改变自己的思想观念,在生活方面喜欢接受新的挑战,是一个典型的行动主义者。

5. 声音
与语言相伴的有声的暗示信息,包括说话的音量、音调、语速和重音等声音特点。根据研究者估计,沟通中38%的含义受这种有声暗示的影响。

(1) 音量
音量指声音的高低。
(2) 音调
音调指声音的轻重。
(3) 语速
语速指人们说话的速度。
(4) 重音
重音是指句子中要强调的一个词或一组词。强调不同的部分,意思可以相差很多。

（5）通过声音表达的几种情绪

声音大、音量高、音质粗哑、语速快表示气愤；音质柔和、低沉、语速慢表示爱慕；有节奏、声音坚定、斩钉截铁表示自信。

6. 沟通礼仪的原则

（1）敬人

在沟通过程中要重视、尊重对方。尊重上级是一种天职，尊重同事是一种本分，尊重下级是一种美德，尊重客户是一种常识，尊重所有人是一种教养。

（2）自律

自律就是在沟通过程中要克己、慎重、积极主动、自觉自愿、礼貌待人、表里如一，自我对照，自我反省，自我要求，自我检点，自我约束，不能妄自尊大，口是心非。

（3）适度

在沟通过程中，要掌握分寸，仪态仪表要适度得体，不能有过激的行为或动作。

（4）真诚

在沟通过程中，要诚心诚意，以诚待人。

7. 沟通礼仪的内容

（1）外在仪表

仪表是指人的外在美，同时也是内在美的体现。具体来说，外在仪表是一个人的容貌、服饰、发型等给人留下的综合印象。在职场中，美好的仪表能产生一种强大吸引力，能向对方展示自身的形象和风度，而且可以增强个人的自尊心，提高自信心。那么，在仪表方面我们应该注重些什么呢？

① 仪表的协调。

所谓仪表的协调，是指一个人的仪表要与他的年龄、体型、职业和所在的场合吻合，表现出一种和谐，这种和谐能给人以美感。不同年龄的人有不同的穿着要求，年轻人应穿着鲜艳、活泼、随意一些，体现出年轻人的朝气和蓬勃向上的青春之美。老年人的着装则要注意庄重、雅致、整洁，体现出成熟和稳重。对于不同体型、不同肤色的人，就应考虑到扬长避短，选择合适的服饰。职业的差异对于仪表的协调也非常重要。比如，教师的仪表应庄重，学生的仪表应大方整洁，医生的穿着也要力求显得稳重而富有经验。当然，仪表也要与环境相适应，在办公室的仪表与外出旅游时的仪表当然不会相同。

② 色彩的搭配。

暖色调（红、橙、黄等）给人以温和、华贵的感觉，冷色调（紫、蓝、绿等）让人感到凉爽、恬静、安宁、友好，中和色（白、黑、灰等）给人平和、稳重、可靠的感觉，是最常见的工作服装用色。在选择服装外饰物的色彩时，应考虑到各种色调的协调，选定合适的着装、饰物。

③ 着装。

服装不是一种没有生命的遮羞布。它不仅是布料、花色和缝线的组合,更是一种社会工具,它向社会中其他的成员传达出信息,我是什么个性的人?我是不是有能力?我是不是重视工作?我是否合群?

服饰反映了一个人文化素质之高低,审美情趣之雅俗。具体说来,它既要自然得体,协调大方,又要遵守某种约定俗成的规范或原则。服装不但要与自己的具体条件相适应,还必须时刻注意客观环境、场合对人的着装要求,即着装打扮要优先考虑时间、地点和目的三大要素,并努力在穿着打扮的各方面与时间、地点、目的保持协调一致。

仪表应根据不同的场合来进行着装,喜庆场合、庄重场合及悲伤场合应注意穿不同的服装,要遵循不同的规范与风俗。

④ 卫生。

清洁卫生是仪容美的关键,是礼仪的基本要求。不管长相多好,服饰多华贵,若满脸污垢,浑身异味,那必然破坏一个人的美感。因此,每个人都应该养成良好的卫生习惯,做到入睡起床洗脸、脚、早晚、饭后勤刷牙,经常洗头又洗澡,讲究梳理勤更衣。不要在人前"打扫个人卫生",比如剔牙齿、掏鼻孔、挖耳屎、修指甲、搓泥垢等,这些行为都应该避开他人进行;否则,不仅不雅观,也不尊重他人。与人谈话时应保持一定距离,声音不要太大,不要对人口沫四溅。

(2) 言谈交流

在沟通过程中,要保证人与人之间的言谈交流顺利、通达,除了要注重内容、研究谈话的技巧外,更要注意礼仪的规范。言谈礼仪应注意以下几点:

① 慎选话题。

选择的话题反映谈话者品味的高低,找到一个恰当的话题,就找到了双方的共同语言,往往就预示着谈话成功了一大半。宜选的话题是:事先拟谈的话题、格调高雅的话题、轻松愉快的话题、时尚流行的话题、对方擅长的话题等。

② 适时发问。

适时发问可以引导交谈按照预期的目的进行,调整交谈的气氛。由于人的知识水平和所处的社会环境不同,交谈时必须仔细观察、了解对方的身份,巧妙提问,激起对方的兴趣。

③ 少讲自己。

交谈时要注意以平等的态度礼貌待人,设法使在座的每一个人都有机会参与谈话,这是对人的一种理解和尊重。交谈中最忌讳的就是一方滔滔不绝地高谈阔论,借题发挥炫耀自己。

④ 注意反馈。

交谈时,要注意察言观色,对谈话者的谈话内容及时进行反馈,将话题引到对方感兴趣的话题上来,从而增强交谈的气氛。

⑤ 语音清晰。

交谈时,要注意语音、语调尽量达到标准规范,语速适中,表达流畅,态度谦和。

⑥ 学会赞美。

交谈时擅于发现对方的优点,适时进行赞美,语言幽默风趣,谈吐文雅。

⑦ 学会聆听。

聆听是言谈礼仪中很重要的一个方面,学会聆听,有助于增加交谈的兴趣,增进彼此的了解。

(3) 仪态举止

仪态举止是一个人的德才学识等内在修养的外在表现,是沟通礼仪的核心要素,主要包括姿态、握手、交换名片、介绍等。

① 姿态。

站姿要挺拔。挺胸、抬头、收腹、目视前方,形成一种端正、挺拔、优美、典雅的气质美;女士双臂自然下垂,或者交叠着放在小腹部,左手在下,右手在上;男士两手自然下垂,或交叠放在身前或背于身后。

坐姿要端正。不满坐是谦恭的一种表现(坐1/3座位深度);女士的膝盖一定要并起来,脚可以放中间,也可以放在侧边;男士膝盖可稍微分开,但不宜超过肩宽;翘腿时,要注意收紧上面的腿,脚尖下压,绝不能以脚尖指向别人;不要抖腿。

走姿要平稳。男士要稳定、矫健;女士要轻盈、优雅;两眼平视前方;步履轻捷不要拖拉(脚后跟不要拖地);两臂在身体两侧自然摆动,有节奏感;身体应当保持正直,不要过分摇摆。

蹲姿要得体。一脚前,一脚后,然后下蹲;忌弯腰、翘臀或两脚平蹲。

目光要专注。在与人谈话时,大部分时间应看着对方,否则会显得不礼貌或不真诚;正确的目光是自然地注视对方眉与鼻梁三角区,不能左顾右盼,也不能紧盯对方。视线的高低代表不同的含义。

② 握手。

尊者为先:上级在先、长者在先、女性在先。客人到来之时应该主人先伸手,表示欢迎;客人走的时候一般是客人先伸手,表示愿意继续交往。

不能伸出左手与人相握。与女士握手,只能轻握手指,忌双手满握。男士在握手前先脱下手套,摘下帽子。女士可以例外。

③ 交换名片。

名片的递交顺序:由尊而卑,由近而远。递出时,文字向着对方,双手拿出;接受时,双手去接,马上要看,如有疑惑,马上询问;同时交换名片时,可以右手递名片,左手接名片。

名片的收存:衬衣口袋或西装内侧口袋,不要放在裤袋里。名片不宜涂改(如手机换号)。名片不宜提供两个以上头衔,如头衔的确较多,可以分开印刷。

④ 介绍。

介绍他人时,将"卑者"先介绍给"尊者"。应先把下级介绍给上级;先把晚辈介绍给长辈;先把男士介绍给女士;先把主人介绍给客人。

被介绍时,表现出结识对方的热情,起立或欠身致意;双目应该注视对方;介绍完毕,握手问好。

藏不住心事的齐桓公

春秋时期,齐桓公与管仲密谋伐卫,议罢回宫,来到其所宠爱的卫姬宫室。卫姬见之,立即下跪,请求齐桓公放过卫国,齐桓公大惊,说:"我没有对卫国怎么样啊!"卫姬答道:"大王平日下朝,见到我总是和颜悦色,今天见到我就低下头并且避开我的目光,可见今天朝中所议之事一定与我有关,我一个妇道人家,没什么值得大王和大臣们商议的,所以应该是和我的国家有关吧?"齐桓公听了,沉吟不语,心里决定放弃进攻卫国。

第二天,与管仲见面后,管仲第一句话就问:"大王为何将我们的密议泄漏出去?"齐桓公又被吓了一大跳,问道:"你怎么知道?"管仲说:"您进门时,头是抬起的,走路步子很大,但一见到我侍驾,走路的步子变小了,头也低下了,您一定是因为宠爱卫姬,与她谈了伐卫之事,莫非您现在改变主意了?"

非语言沟通:招聘一名文员

小张是一家公司人力资源部的主管。他所在的公司需要招聘一名文员,要求:英语专业、女性。作为一家全国知名的公司,招聘消息在网上发布后没有多久,就收到了大量的求职信。

经过层层考核,最后剩下三个实力相当的应聘者,小张让这三个人写一篇800字以内的中文作文,以考察她们的文字表达能力,更重要的是他要通过分析笔迹来判断谁最适合这个岗位。

A小姐:英语水平和中文表达能力都极其出色,且谈吐非常得体。在面试时,小张对她的印象很好,把她作为第一考虑人选。但通过仔细研究她的笔迹后发现,她的字非常大、棱角过于突出,经常有一些竖笔画画到下一行的现象。通篇有一种不可一世、压倒一切的霸气。经过分析,小张认为她是个很有才气同时又很有野心的女孩,她不会安心终日做一些琐碎的日常工作。她自信心极强,从她的字体中反映出的不可一世,说明她不可能很随和地与部门的人相处,这样的下属也很难领导。A小姐更适合做营销等能带来高度挑战感的工作,小张最后放弃了她。

B小姐:人长得非常漂亮,口齿伶俐,在面试的一问一答中都反应机灵而敏捷。她的英语口语非常出色。但小张在研究她的笔迹后发现,她的字非常小且粘连,弱弱娇娇,没有一点骨架,有很强的讨好别人的献媚之相。研究后强烈地感觉到这是个心胸很小、娇滴滴的、吃不了一点苦的、而且有极强虚荣心的人。

C小姐:表面上看她没有任何优势,她通过英语自学考试拿到了英语本科文凭,无法与其他人名牌大学的背景相比。她的英语口语和写作水平都不错,但由于人长得非常不起眼,而且说话很少、声音很轻,刚面试时她没给小张留下什么印象。恰恰是她的字让小张立刻注意了她。她的字写得娟秀、清爽、整齐,笔压很轻,通篇干干净净,字的大小非常均匀,而且字体中适度的棱角让字体很有个性,但这种棱角又没有咄咄逼人的压迫之气。从她的字可以判断出来她做事非常认真仔细,自律意识很强且安心做日常琐碎的工作。她有自己的独立见解,但又不至于没有团队精神。

在笔迹分析的帮助下,小张选择了C小姐做部门文员。半年过去了,事实证实她的性格完全与小张当初判断的相符合:她敬业且高效、严谨且认真,她将部门的日常工作处理得非常好。

没有语言并不意味着没有沟通。字迹也可以成为一种非语言沟通的形式,传递更多的、更加真实和客观的信号。

1.2 团队训练

用时	流程和内容	目 的	步 骤	物资及场地布置
10分钟	热舞开场。 要点:通过轻松的氛围,让学员释放能量。	暖场;建立亲和感。	1. 准备劲舞音乐并调暗灯光。 2. 助教带头(演示交谊舞动作)。 3. 教练共同参与。	一首节奏欢快的音乐。

续表

用时	流程和内容	目 的	步 骤	物资及场地布置
15分钟	组内分享(1):上一周我在学习、生活中的收获是什么？ 要点:组内成员依次分享,当一个人发言的时候,其他人只需倾听并在结尾处给予掌声鼓励。	引发自我觉察;组内成员之间的破冰。	1. 组内成员依次分享,助教、组长带头做发言标杆。 2. 组内成员分享结束后形成共识并推选出分享内容最精彩的成员作为代表到公众面前分享。	一首舒缓的轻音乐;满足学员数量的凳子。
25分钟	拓展游戏:笑容可掬。 本培训游戏以一个很热闹的形式,加强了团队之间的沟通与交流,同时能够增进彼此之间的感情。	促进团队成员间的沟通与交流;使大家尽快熟悉起来。	1. 让学员站成两排,两两相对。 2. 各排派出一名代表,立于队伍的两端。 3. 相互鞠躬,身体要弯腰成90°,高喊,××你好。 4. 向前走交会于队伍中央,再相互鞠躬高喊一次。 5. 鞠躬者与其余队员均不许发出笑声,笑出声者即被对方俘虏,需排至对方队伍最后入列。 6. 依次交换代表人选。	一首轻快的音乐。
25分钟	组内分享(2): 1. 这个游戏给你最大的感觉是什么？做完这个游戏之后,你有没有觉得心情格外舒畅？ 2. 本游戏给你的日常生活与工作有什么启示？	引发自我觉察。	1. 组内成员依次分享。 2. 组内成员形成共识并推选出分享内容最精彩的成员作为代表到公众面前分享。	一首舒缓的轻音乐;满足学员数量的凳子。

续表

用 时	流程和内容	目 的	步 骤	物资及场地布置
15分钟	游戏总结： 1. 人们常说，当你面对生活的时候，你实际上是在面对一面镜子，你笑，生活笑，你哭，生活也哭。面对别人的时候也是这个道理，要想获得别人的笑容，你首先要绽放自己的笑容。所谓己所不欲，勿施于人，既然你不想让别人对你绷着脸，为何要对别人绷着脸呢？ 2. 在团队合作中，彼此之间保持默契，维系一种快乐轻松的氛围，会非常有利于大家彼此之间的沟通，也会加快我们的合作步伐。	归纳总结。	教练提炼成果。	水彩笔、大白纸若干；白板；黑、红、蓝记号笔各两支。

1.3 过程展现

笑容可掬 ——弯腰呈90°

1.4 自省日记

1	近期发生了什么事情让自己困惑或矛盾？	
2	我的感受是什么？	
3	由此我发现我是……？	
4	这件事带给我的正面价值和提示是……？（哪怕只有百分之一的价值，那会是什么？）	
5	接下来，我需要调整自己的是什么？	

第二节 3F倾听技术——沟通的原则

经理把王小小叫进办公室，给他交代近期新产品市场开发的相关工作。

经理："小王，明天下午4点以前，你把这份统计表做出来交给我。里面所需的市场调查数据，你可以去A公司找调查科的张科长有偿转让……"

王小小："请问是哪个张？是弓长张还是立早章？"

经理："是弓长张，这是他的名片。关于价格，咱们和他们有价格协议，这份数据大概需要200元。你根据买来的数据制作这份表格。还有……哎呀，还有什么我忘了，那先这样吧。"

王小小："好的，经理。"

几天之后，经理怒气冲冲地把王小小叫进办公室。

经理："小王，为什么其他公司都知道我们在做这个新产品，有的公司都赶在我们前面了,你是不是在什么场合泄密了?"

王小小:"经理,我没有泄密啊,我知道行业规矩的。哦……,可能是前两天去找张科长买数据的时候,他问我买这些数据做什么,我随口一说,我想他和我们又不是竞争对手,所以没注意。"

经理:"就是啊,肯定是在这里泄密的,我记得我那天特意交代你别和他讲的,你怎么还是说漏嘴了?"

王小小:"经理,你没让我不要说啊。"

经理:"没关照你吗?我明明记得我想好了要关照你这件事的……肯定是你那天问我哪个张,是弓长张还是立早章,打断了我的思路。"

◆ 知识目标:
  1. 了解倾听的含义。
  2. 掌握3F倾听技术。

◆ 能力目标:
  学会运用3F倾听技术。

1.1 理论知识

1. 倾听

下面举一例子加以说明:我今天刚刚被老板骂了一顿,心情不爽,你和我约会,问我吃什么,我说随便。你问了我好几次想吃什么,我都说随便。我估计你就不太开心了。

如果你把"随便"翻译成"你点什么,我吃什么",这是良好的倾听;如果你把"随便"翻译成"我今天心情不好,你帮我点个我最喜欢的酸菜鱼吧",你的这个动作就是后面要介绍的3F倾听。

多数人能听见,少数人能听清,更少人能听懂。

再通过另一个例子加以说明:一个小女孩参加电视访谈,主持人问她:你未来想做什么,她说她想做个飞行员。主持人问她:开飞机可是个危险的活儿,万一遇到大风暴,飞机有危险的时候,你打算怎么做呢?小女孩回答:我会拿起降落伞,先跳下去。所有观众一阵哄堂大笑,主持人带着嘲讽的语气说了一句:噢,这么小的孩子也懂得三十六计走为上计的道理了!小女孩说:我想下去拿降落伞,然后上来分给大家。这时候所有人都很惭愧,因为我们误会了小女孩。

听见,只要有耳朵,听力正常,就能听见。

听清,是在听见的基础上更进一步了,因为听见是能力的问题,听清是综合环境、话筒、音响、语音语调、方言、情绪等各方面因素影响而达成的一种综合能力。

听懂,是在听清的基础上再上一个档次,不仅仅要听清,更要能听懂别人的表面意思,还要听懂别人的"潜台词"。

其实,好的倾听,应该是三者融合的一种"听"。

2. 沟通的5个环节

经过仔细分析,我们发现,沟通大致包含5个环节:

(1) 说话人的意图→大脑

这个过程相对比较直接。

(2) 大脑→嘴巴

大脑会结合说话人的性格,对事情的喜好程度、当下的情绪状态、语言组织能力、表情以及语气,来分析"该说什么话""怎么说这句话"。

(3) 嘴巴→耳朵

这时候声音需要"漂洋过海"地传递出去,声音会受到很多因素的影响,如听者的听力、环境的嘈杂程度、话筒音响的优劣、发音的清晰度、方言和语速等。例如,一个中学校长听到背后有人大喊"我要考牛津!"大喜过望,瞬间觉得自己的工作超级有价值,回头一看,这个学生又喊了一声:"再给我两个烤鸡翅,不要辣哦!"校长估计瞬间失望透顶了……

(4) 耳朵→大脑

这个通路和"大脑→嘴巴"的通路一样,需要结合性格、成见、情绪、能力等一系列因素影响。

(5) 大脑→听者理解的意图

这个过程也相对直接。

类似"传话不走样"的游戏揭示了一个真相:信息被传递的环节越多,信息差异就越大。为什么会造成这种原因呢?很简单,由于说话者的意图经过了好几层"倾听暗箱"(Listening Blackbox)过滤后造成了信息大量遗失。这个现象也称"沟通漏斗。"

3. 倾听的三个关键阶段

倾听有三个关键阶段:

第一阶段:以自我为中心的倾听。

第二阶段:以对方为中心的倾听。

第三阶段:以教练为中心的倾听。

(1) 以自我为中心的倾听

以自我为中心的倾听最容易犯以下五个错误:

① "你不用说了,你意思是……"——过早下结论。

②"等等,你刚刚说什么了?"——没仔细听。

③"我觉得我现在比较……""你昨天有没有看巴塞罗那的比赛?"——打断。

④"你刚刚说Mike太年轻,现在又说他可以胜任这个位置……"——喜欢死盯逻辑瑕疵。

⑤"我建议你……"——超喜欢给建议。

（2）以对方为中心的倾听

以对方为中心的倾听是一种良好的倾听,需要调动多方面的能力。可以分为五个方面:

① 用耳朵听:用耳朵听对方说或问的内容。

② 用眼睛看:用眼睛观察对方的表情、肢体语言等。

③ 用脑思考:一边听、一边用大脑思考对方说话的真实意图。

④ 用嘴提问:用嘴巴提问题,以便彼此进行互动。

⑤ 用心感受:用心感受说话者的感受。

（3）以教练为中心的倾听

以教练为中心的倾听是最好的倾听方式。推荐3F倾听模型:Fact(倾听事实)、Feel(觉察感受)、Focus(聚焦意图)。

① 3F第一步:倾听事实(Fact)。

不用自己的想法和固有观念对对方的话进行评判,客观地接受对方谈话中的信息。通常人们在对方说话时,会依据自己的经验、记忆和习惯进行主观的解释和评判。这种倾向会对事实进行歪曲,进而发生误会,做出错误的决定。所以人们需要努力把握对方话语中的客观事实。优秀的教练会集中精力于对方叙述的事实,不加任何主观的评判。

（例）啊,您是说……（罗列事实）? 刚上班就受到老板召见,心理下意识地想:我做错什么了吗? 这就是判断。在没有弄清楚老板为什么召见自己之前,就妄自揣度,有时会引起不必要的误会和不当的言行。相反一个好的倾听者会带着"老板有事找我。"这种简单的心态接受老板召见。

② 3F第二步:觉察感受(Feel)。

倾听感情是指在倾听事实的同时,感知对方的感情。倾听感情包括感知对方的感情,与对方共情,以及把自己的感觉反馈给对方。人们经常无法感知没有被外化的内在状态。如果不能很好地感知对方的感情,而只是依靠对方的话语、表情等进行沟通,往往无法形成很好的共情。共情只有在敏感地感知对方感情时才能做到。"感情"跟"想法"是不同的,我们经常会将自己的想法跟感觉混为一谈。

（例）啊,您现在感到……（描述对方的感情状态）! 假设女朋友没按约定打来电话,会产生"她在忽视我吗?""是不是生我的气了?"这样的疑问。这不是感情,这是当事人主观的想法。如果表达此刻的感情,应该是"她没有给我打电话,我感到很不安""她没来电话,我很生气"。由此可见感情和想法是不同的。"表达感情"并不是在"想法"前面加上"感觉"这个单词就能实现的。让我们来区别一下感情的表达和想法的表达。

- 我觉得你不爱我。(想法)
- 我感觉老板在整我们。(想法)
- 你离开了,我很伤心。(感情)
- 催得紧会让人很焦躁。(感情)

③ 3F 第三步:聚焦意图(Focus)。

倾听意图是指把握对方真的想要什么,真正的意图是什么。有些人不善于表达自己的意图时,说出来的话跟真正的意图会有很大差异。在意图不明确时,更需要正确把握意图。下面的提问会帮助我们做到这一点。

(例)你真正想要的是……(即便对方没有明确表明,但知觉感受到),对吗?

4. 成为倾听达人

人每秒钟能识别和接收 2×10^6 bps 的数据并将之储存于无意识、潜在意识中。意识层面识别的信息每秒钟只有 134bit。大脑一次只能识别和倾听 5~9 组的数据。语言传递的信息只占沟通的 7%。剩下的 93% 是通过非语言性的,即身体反应、语音语调、能量、感觉等来传递的。所以倾听不但要倾听语言信息,还要倾听感情和意图,才能全面把握信息。

因此倾听的第一个秘诀就是"空杯",即把内心的想法和感情倒空。此时教练使用的技法称作 Centering。"Center"是中心的意思,"Centering"即把意识聚焦在身体和精神的中心。具体方法是:吸气入丹田,缓缓呼气,将注意力集中在呼吸上。通过几次呼吸就能感到心中的杂念消失。进行 1~2 分钟的呼吸后,倾听效果会大大提高。将意识集中在心灵深处时,杂念会消失,人也能保持平和的心态。这种平和的瞬间成为"教练 Presence"。在这种状态中,对方会感到安心,会感到与教练融为一体,进而形成深度和谐的关系,这是一种双方心灵相通、毫无遮拦地坦诚相待的和谐舒适状态。高超的倾听能帮助对方放下所有戒备和逆反,真实地袒露自己,接受变化。不管是谁,只要能够倾听,就能减轻对方的心理负担,获得喘息的机会,会让对方产生积极的心态和对未来的希冀。如果我们能给跟我们接触的人这样的感觉,我们就是倾听达人。

突然地变卦

"美国汽车推销之王"乔·吉拉德有过一次记忆深刻的体验。一次,某位名人欲买车,吉拉德推荐了一款最好的车型给他。那人对车很满意,眼看就要成交了,对方却突然变卦而去。

吉拉德为此事懊恼了一下午,百思不得其解。到了晚上11点他终于忍不住打电话给那人:"您好!我是乔·吉拉德,今天下午我曾经向您介绍一款新车,眼看您就要买下,却突然走了。这是为什么呢?"

"你真的想知道吗?"

"是的!"

"实话实说吧,小伙子,今天下午你根本没有用心听我说话。就在签字购车之前,我提到我的儿子吉米即将进入密歇根大学读医科,我还提到他的学科成绩、运动能力以及他将来的抱负,我以他为荣,但是你毫无反应。"

这就是吉拉德失败的原因——没有用心去听。在沟通过程中,如果不能够认真聆听别人的谈话,也就不能够"听话听音",何谈机警、巧妙地回答对方的问题。这是影响沟通的第一大障碍。

聪明的小明

上中学的小明特别聪明,心算能力很强。有一天,老师又出了一道心算题目,来考考他:

有一辆公共汽车,车上有28人。到了一站上了18人,下了3人;到了另外一站上了5人,下了20人;然后又上了16人,下了2人;到了另一站又上了4人,下了18人;之后上了7人,下了4人;到了下一站上了2人,下了5人;最后上了6人,下了10人。

老师的问题是什么呢?"车上还有多少人?"——一般会自认为如此!

其实,老师的问题是:"这辆车停了多少站?"有人能告诉老师答案吗?智商出众的你,为什么没有答出来呢?因为我们没有仔细、耐心地听完问题。那么为什么没有耐心地听完问题再说出答案呢?

显然,"倾听"在我们的工作中占了重要地位,听得准确与否直接关系到我们的行动正确与否。我们在工作中是否也容易犯同样的毛病?我们每一次都真正听清楚对方的要求了吗？细心的聆听既是对自己负责,也是对他人尊重。

1.2 团队训练

用时	流程和内容	目 的	步 骤	物资及场地布置
10分钟	团队提前备好的特别开场。 要点:通过轻松的氛围,让学员释放能量。	暖场;建立亲和感。	1. 准备轻快的音乐,并调暗灯光。 2. 助教带头。 3. 教练共同参与。	轻快的音乐。
15分钟	组内分享(1):上一周我在学习、生活中的收获是什么? 要点:组内成员依次分享,当一个人发言的时候,其他人只需倾听并在结尾处给予掌声鼓励。	引发自我觉察;组内成员之间的破冰。	1. 组内成员依次分享,助教、组长带头做发言标杆。 2. 组内成员分享结束后形成共识并推选出分享内容最精彩的成员作为代表到公众面前分享。	一首舒缓的轻音乐;满足学员数量的凳子。
25分钟	拓展游戏:只有一个橘子。 团队成员提高倾听能力。	学习人际沟通中倾听的技巧;学习主动倾听别人需求的技巧。	1. 教练告诉组员,下面将讲一个关于两个小女孩和一个橘子的故事:两个小女孩一起走进了厨房想找橘子,但最后在厨房的桌子上只找到一个橘子。 2. 教练出示一个橘子,并提问:"这两个小女孩该怎么做?"有人建议把橘子一切为二,也有人建议再买另一个橘子等。把这些建议列在白纸上。 3. 之后,再问组员:"在知道小女孩怎么办之前,我们是否需要知道一些重要的信息?但直到现在还没人问过的信息,会是什么呢?" 4. 记录组员的意见,直到有人说我们需要知道的是两个女孩的需求。 5. 教练说明,如果在一开始就知道两个女孩的需求,解决方案就很明显:一个女孩需要橘子的皮做蛋糕的装饰,另一个女孩想用橘子肉榨橘子汁。	一张白纸和一个橘子。

续表

用时	流程和内容	目 的	步 骤	物资及场地布置
25分钟	组内分享(2):为什么我们总是在没有确认问题之前好好倾听女孩的需求?在与人沟通或销售过程中,如何避免过多的假设行为?	引发自我觉察。	1. 组内成员依次分享。 2. 组内成员形成共识并推选出分享内容最精彩的成员作为代表到公众面前分享。	一首舒缓的轻音乐;满足学员数量的凳子。
15分钟	教练总结:在做出反馈之前,一定要倾听对方的需求,根据对方的需求来做出反应。在团队中倾听要抓住重点。	归纳总结。	教练总结游戏的精髓与目的。	白纸、记号笔。

1.3 过程展现

第三阶段的倾听

1.4 自省日记

1	近期发生了什么事情让自己困惑或矛盾？	
2	我的感受是什么？	
3	由此我发现我是……？	
4	这件事带给我的正面价值和提示是……？（哪怕只有百分之一的价值,那会是什么?）	
5	接下来,我需要调整自己的是什么？	

第三节　学会赞美——沟通的技巧

经理喜欢开车,并乐于谈论车技。一次经理和王小小一起出去洽谈业务,开始由王小小开车,但她在开车过程中扭到了腰。经理让王小小坐车,自己开车。当时正处交通高峰时段,经理的车开得稳而不慢。这时王小小开口说:"经理,想不到您的车技这么好,在这种情况下开得这么快,比专业司机还棒。"这句由衷的赞美,让经理非常高兴,并时常夸王小小有眼光。

♦ **知识目标:**
1. 了解赞美的作用。
2. 掌握赞美的方式与技巧。
3. 掌握赞美与沟通的关系。

♦ **能力目标:**
在沟通中学会运用赞美。

1.1 理论知识

1. 赞美的作用

一个人具有某些长处或取得了某些成就,他还需要得到社会的承认。如果你能以诚挚的敬意和真心实意的赞扬满足一个人的自我,那么你们之间可以变得更加令人愉快、更加通情达理、更加乐于协作。

(1) 赞美能使他人满足自我的需求

心理学家马斯洛认为,荣誉和成就感是人的高层次的需求。人类本质中最殷切的需求就是渴望被肯定。要将一个人的能力发挥至极限的最好方法就是不吝对其赞扬和鼓励。

(2) 人人需要赞美

欣赏和赞美可以让你获得真挚的友谊和良好的人际关系,帮助你事业成功。当我们赞美别人时,也给予了对方最珍贵的礼物——自信。

(3) 每一次赞美别人时,不但对方快乐,同时也会使你获得满足

若你不能为任何人增加快乐,那么,你就不能为自己增加快乐!因此,每天至少赞美3个人,那么你将感受到自己的快乐指数也在不断上升。

2. 赞美的方式

赞美的方式有很多种,如积极美好的语言、眼神、点头、拥抱、翘拇指、击掌、微笑等。

良言一句三冬暖。研究人员称,积极的话语不仅能使人的心情愉悦,还能改善血液的成分,增大血液吸收营养的能力,从而提高细胞的免疫力。平时要多注意赞美别人,把积极语言变成你的习惯。

赞美也并不一定用那些固定的词语,有时,投以赞许的目光或伸出拇指做一个夸张的手势,也能收到意想不到的效果。对他人微笑也是一种赞美的方式,要养成微笑的习惯。面带微笑,表现的是对人的友好,展现的是个人魅力,获得的是他人的

认可。

3. 赞美的艺术

有句话是这么说的:"没有一无是处的人,只有带偏见的自己。"怎样去运用赞美这一艺术呢?

(1) 遵循效应边际递减原则

同样的一句美言,一个人听第一遍可能很开心,听第二遍就没有那么强烈的感觉了,听十遍可能都腻味了。这就是边际效益递减。

一个沉鱼落雁的美女前天听到别人说"美",昨天又听到一句"真漂亮",今天还是"你真的好漂亮"。她会觉得那不是赞美,那是陈词滥调。所以,对同一个人的赞美需要不时换一点新的花样,从不同角度、不同方面去赞美。

(2) 学会应用差异化赞美

经济学有一术语叫作产品差异化,意思是,商家会努力改变产品的方方面面,比如品牌形象、产品设计、外部包装、产品服务、定价策略等,来让消费者相信他们的产品和别的商家的产品存在差异,从而让消费者产生不同偏好,获得更高的利润。即便你的产品本质上和他人的没有太大差异,你也要让消费者感到该产品并不能被其他产品轻易替代。

理想的赞美效果,就是要"把每个字都唱出一种以前从未有过、以后也绝不会再有的意义"。若和别人的赞美点相同,此时就要讲究说话的艺术了。

比如,你看见一个男人新发了一张自己的照片,已经有很多人在照片下面留言"哇,真帅""穿西装真好看""特别有气质"云云,此时,不能人云亦云,可以这样赞美:"都说人的左右脸会有所差别,有一半会更好看些,你的照片总是呈现左脸,我觉得特别帅,看来你也更欣赏自己的左脸哦!"

(3) 适时应用具体或抽象的赞美

赞美的一个原则就是,要尽量把具体的事情提高到抽象的角度。与此相反,批评他人的时候要尽量从抽象的水平降低到具体的角度。

如果你被一张照片打动,你可以说"这张照片色调真是太美了"或者"构图真棒",但更出色的赞美是"你真是一个伟大的摄影家,你总是那么有洞察力,深邃却又细腻,你的照片就像是你的第三只眼,透过它呈现出来的世界是那么地动人"。

"你总是""你每次""你永远"这些词语都是抽象的、带有总结性的,应该多在赞美里说,绝不能在批评里说。

(4) 适时应用间接或直接赞美

赞美应该直接热情还是稍微间接收敛一些,很多时候与文化背景有关。高语境的国家的人说话比较委婉,而低语境的国家的人比较直接。高语境的国家有:中国、日本等。低语境的国家有:美国、德国、英国等。比如夸奖一个中国人的时候,如果过分露骨,对方可能会觉得那不是赞美而是奉承,因为那太夸张了,或者不妥当。而赞美美国人的时候建议要用更过分一些的词。美国有一档旅行节目,主持人到世界各地旅行,吃遍各地美食。几乎每一次他吃到美味的菜肴他都用很夸张的词汇,比如 awesome(极好)、most delicious(最美味的)、wonderful(非常棒)。有一次他去非洲某个地方在一群苍蝇的簇拥之下吃了一盘子生硬的牛犊和烂土豆泥,他并没有说难吃,而是说 this is very interesting(这很有趣)。所以要是听一个美国人评价 not bad(不错)或者 good(好的),很多时候并不表示赞美。如果他觉得一个人或者一件事很好,他会说 impressive(给人印象深刻的)或者 amazing(太棒了)。

(5) 正确认识赞美供给量

经济学告诉我们,价格的决定因素之一是供给。你说的一句赞美的价值高低取决于你这句赞美的供给量。

这个供给量有几层含义:

① 你是一个时常大肆赞美他人的人?还是你是一个对大部分人和事情都高标准而且比较挑剔的?如果某人对其他人都非常挑剔,而唯独对你大肆赞美,这样的赞美就显得更有分量。

② 同样一句赞美你是否时常说给很多人听。如果某人送了一件礼物给你,你对她说,这是你收到的最有意义的礼物,她可能非常开心。但是如果之后她了解到你评价另一个人赠送礼物时也说相同的话,这句话赞美的价值立马就打了一个很大的折扣。

③ 如果说出赞美的人是一个有分量的人,他的赞美也更有分量。比如一个门外汉对你作品的称赞的分量一般比不上行业内的泰斗对你作品的欣赏的分量。

(6) 学会正确引用他人说过的话

引用他人说过的话在绝大多数时候能让对方感觉自己被重视、被关注。比如,某人曾经在文章中提到希望自己是一本读不完的书。后来有一个朋友送他一本书的时候在扉页写道,希望你早日成为一本读不完的书。其实这甚至算不上一句赞美,只是一个祝愿,朋友可能也是一时想到不经意地写上这一句话,但那显然是一个让人印象深刻的赞美。

(7) 正确表达出别人想听的赞美

不要只说你想说的,而要说他人想听的。

《老友记》中曾描述这样一件事:有一个明星经纪人在一个聚会上对 Rachel 和 Monica 说,如果用你(Monica)的脸蛋加上你(Rachel)的胸,我就能塑造一个明星。经纪人本意想同时赞美两个人,但听者则会认为他是在批评自己不足的那方面。

另外,在赞美一个人之前最好要确定你赞美的点的确是他自己也认可、喜欢并且是真实的优点。每个人可能也许都会在一些方面带上面具扮演不是自己的角色。如果你大肆赞美一个人的正直,而其实他只是在众人面前伪装得自己很高尚,那么那句赞美对他来说就是一句讽刺。

(8) 说得好不如做得好

电视剧《好想好想谈恋爱》中极富个人魅力的男主角伍岳峰,他身上具有成熟男人具备的所有魅力,但也带有所有成熟男人固有的让女人头疼的秉性。他不能给女主角谭艾琳安全感,四处沾花惹草;他对个人空间有过分的要求,不允许她在他的住处留下任何私人物品;他不喜欢被束缚,不太愿意把她介绍给他的父母和朋友。谭艾琳伤痛恼怒,气得要把他送给她的项链还给他,就在这时候,她发现在伍岳峰的桌子上平铺着她写的书,上面有很多标记和画线。谭艾琳一下就不抱怨不生气了,那些事情忽然变得无足轻重,因为她知道自己已经在伍岳峰的心里。

不同的人对感情的需求都不同,表达感情的方式也有很多种,除了赞美还有提供服务、肢体接触、赠送礼物、高质量的相处时间等。在赞美的同时通过其他方式表达感情也许会更有效,单有甜言蜜语是不够的。

另外,赞美有很多非语言的形式:对老师来说,学生课前认真预习,上课时热烈发言主动参与讨论,那就是赞美;对艺术创造者来说,观众长时间凝视其作品那就是赞美;对下属来说,老板采纳他的建议给他安排更有分量、更有挑战性的工作,那就是赞美。

请多赞美自己和他人吧,这会让你自己和他人的世界都变得更美好。尝试一下每天都夸自己的一个优点,或者每天赞美他人三句话,一年之后,看看这会给你带来怎样的改变。

动　机

韩国某大型公司的一名清洁工,本来是一个最被人忽视、最被人看不起的角色,但就是这样一个人,却在一天晚上公司保险箱被窃时,与小偷进行了殊死搏斗。事后,有人为他请功并问他的动机时,答案却出人意料。他说,当公司的经理从他身旁经过时,总会不时地表扬他:"你扫的地真干净!"

随口的赞美

有一位女化学家年过六旬时获得了诺贝尔奖,一位电视台的女记者要采访她。女化学家在亲友的帮助下换上了礼服,脱去了终日穿着的实验服。一见面,女记者就兴致勃勃地夸奖道:"呀,你这身衣服真漂亮。"女化学家机械地点点头。女记者见没有激发起化学家的谈兴,就随口问道:"嗯,您这么成功,您的儿女都是做什么的呢?"女化学家闻听此言转身离开。原来,女化学家没有结婚,个人感情经历过挫折。

1.2 团队训练

用时	流程和内容	目的	步骤	物资及场地布置
10分钟	兔子舞。 要点:通过轻松的氛围,让学员释放能量。	暖场;建立亲和感。	1. 准备兔子舞音乐,并调暗灯光。 2. 助教带头(演示兔子舞动作)。 3. 教练共同参与。	兔子舞音乐。
15分钟	组内分享(1):上一周我在学习、生活中的收获是什么? 要点:组内成员依次分享,当一个人发言的时候,其他人只需倾听并在结尾处给予掌声鼓励。	引发自我觉察;组内成员之间的破冰。	1. 组内成员依次分享,助教、组长带头做发言标杆。 2. 组内成员分享结束后形成共识并推选出分享内容最精彩的成员作为代表到公众面前分享。	一首舒缓的轻音乐;满足学员数量的凳子。
35分钟	赞美他人。	1. 学会赞美他人的优点。 2. 在他人的赞美中积极地评价自己。	1. 请每位参与者为其他人填一张卡片,完成下述句子,如"我最喜欢……(人名)的一点是……"或"我在……(人名)身上看到的最显著的优点是……"。 2. 把收上来的卡片发给对应名字的人们,这样每个人都能带着对自己的正确评价满意地离去。	准备规格为3厘米×5厘米的卡片;一首舒缓的轻音乐。
15分钟	组内分享(2):今天学习了什么?感受是什么?	引发自我觉察;归纳总结。	1. 组内成员依次分享。 2. 组内成员形成共识并推选出分享内容最精彩的成员作为代表到公众面前分享。	一首舒缓的轻音乐;满足学员数量的凳子。

续表

用 时	流程和内容	目 的	步 骤	物资及场地布置
15分钟	教练总结。	归纳总结。	赞美即是对他人的一种认可。真诚地赞美他人表示认可他人身上的一种内在的东西。人们要懂得在别人的赞扬中客观地评价自己,增加自己的内涵。心理学上的"赞许动机",是指交往的目的是为了得到对方的鼓励和称赞,以获得心理上的满足。赞美得当,能够增强人的上进心和责任感,激发人们的积极情绪和情感;赞美不得当,不仅不能起到应有的作用,反而使人生厌,不利于人际关系的开展。	

1.3 过程展现

赞美进行时

1.4 自省日记

1	近期发生了什么事情让自己困惑或矛盾？	
2	我的感受是什么？	
3	由此我发现我是……？	
4	这件事带给我的正面价值和提示是……？（哪怕只有百分之一的价值,那会是什么？）	
5	接下来,我需要调整自己的是什么？	

第四节 四型性格剖析——沟通对象的认识

王小小很讨厌销售部的主管李经理,但她从来没和别人说起过。一天,经理让王小小替他参加一个会议,刚好这个会议是由李经理主持的。开会的时候,王小小的注意力一直无法集中,脑子里充满了各种噪声,结果,直到会议结束,王小小什么内容都没有记下来。回来之后,经理询问开会的内容,王小小什么都说不出来。王小小向经理坦诚自己对李经理的看法,经理对她的看法感到震惊,并表达了他对李经理的看法,两个人对李经理的看法有很大偏差。

经理训斥了王小小因私人偏见影响了工作,也教育王小小应充分了解交往对象的情况,不能以偏概全。

◆ **知识目标:**
1. 了解性格与沟通的关系。
2. 了解四型性格特征。
3. 掌握与不同性格相处的秘方。

◆ **能力目标:**
掌握与不同性格相处的秘方。

1.1 理论知识

(一)了解性格对沟通的影响

"先修己而后修人"是中国传统文化中为人处世的一贯思路,不同性格之间的差异是客观存在的,每个人都应该在认识和尊重这种差异性的基础上进行沟通,这样才能构建良好的人际关系。

1. 性格影响沟通

沟通双方在性格上经常会存在差异,这些差异往往会对他们的沟通效果造成相当大的影响。影响有积极与消极之分,如何才能利用积极的影响呢?在交往过程中,改造对方是没有任何价值的,只有懂得经营性格的差异,理解和宽容对方的不同之处,才能促成良好的沟通。

A 问 B:"现在是什么时间了?"

B 回答:"很晚了。"

A 有些吃惊,说:"我问的是时间!"

但 B 仍然坚持说:"到了该走的时间了。"

A 有些不耐烦了:"喂,看看我的嘴,告诉我现在的时间!"

B 同样不耐烦了:"五点刚过!"

A 恼羞成怒,大吼道:"我问你的是具体时间,我要明确的回答!"

怎料到,B 自以为是地说:"你为什么总要这么挑剔呢?"

不同性格的人之间往往由于一件小事,就有可能造成很大的误会和矛盾。

对于同一件事,不同性格的人叙述结果会不同。例如,某人向路人询问票务中心的位置,路人 A 的回答可能是"走到大厅尽头,左转,穿过商店的大门就会看到一个中餐厅,再往前面走 5 米,右手边可以看到一个商务中心,进去之后左边那个柜台就是订票的";路人 B 的回答可能是"你沿着大厅走到头,然后左拐,再一直走,右手边肯定可以找到"。两个人的回答差异来源于不同的思维和行为倾向,也就是性格本质不同。

因此,只有了解了他人的性格本质,沟通才能顺利进行。

2. 从性格角度看待沟通

动物不具备思考和行为能力,只能对环境变化做出机械反应,人类有自身的思想和意愿,则可以根据实际情况调整自己,采取最适当的方式对待工作和生活。要想进行顺畅沟通,改善人际关系,必须考虑到他人的性格类型。

在人际交往中,沟通的重要性不言而喻。沟通大致可以划分为以下三个层级:

(1) 别人怎样对待自己,自己就怎样对待别人

这个层级是最低的,是被动、不自信的表现,他们等待别人率先表现和付出之后,才会做出回应。由此可见,采用这种沟通方式的人都是接受者。

(2) 自己怎样对待别人,别人就会怎样对待自己

这个层级稍高一些,显示出一种自信和主动。然而世界复杂多变,人心叵测,真正能够通过这种沟通方式构建良好人际关系的人是很少的。

(3) 希望别人怎样对待自己,自己就怎样对待别人

在传统意义上,这种方式就是所谓的"沟通黄金法则"。但是了解了四型性格系统以及不同性格的特征之后,这种沟通模式就不再完整和有效了。实际上,这种模式的沟通是陷入自己的观念漩涡,没有考虑对方感受的表现,也就是戴着"性格"的

眼镜看待世界,不自觉地通过"性格"的镜片搜索和过滤信息。

沟通如同调频电台一样,需要沟通双方频率一致才能进行。采用"希望别人怎样对待自己,自己就怎样对待别人"传统意义的黄金法则进行沟通,在性格相同的人身上会收到成效,在不同性格的人身上则根本不会发挥作用。例如,一个活跃型主导性格的人从自己的价值观出发,希望对方热情、友好、轻松、以人为中心、考虑别人感受,如果沟通对象是完善型主导性格的人,必然不会有很好效果。

(二) 四型性格的个性化沟通方式

真正的、个性化的沟通黄金法则是用适合对方的方式进行沟通,有针对性才能发挥实效。在运用这种沟通模式时,首先要了解沟通对象的实际需要和能够接受的方式,也就是所谓的"性格本质"。

1. **活跃型性格本质**

活跃型性格本质表现在以下几个方面:

① 核心价值观:和谐。

② 个人需求与目标:希望得到别人的关注和认可,希望自己是受欣赏和欢迎的人。

③ 对外界的需求与兴趣:注重声望、喜欢与人交往、影响和鼓舞他人。

④ 基本取向:只有在自己能满足别人的需求和情感的时候,才期望得到奖励。

⑤ 主要问题:如何创造和谐?如何维护形象?如何受人欢迎?

⑥ 关键讯息:别人要什么?别人对我的看法怎么样?

⑦ 最高需求:得到别人的欣赏。

2. **完善型性格本质**

完善型性格本质表现在以下几个方面:

① 核心价值观:理性。

② 个人需求与目标:追求完美。

③ 对外界的需求与兴趣:明确的任务和解释,充足的时间和资源,团队合作,有限的风险,创造性或者有革新意义的工作。

④ 基本取向:自己必须维持现有的一切,并用自己现有的资源,谨慎而有条理地在过去的基础上创建未来。

⑤ 主要问题:是否有类似的经验?是否有成功的先例?是否能和现有资源相结合?

⑥ 关键讯息:替代方案、步骤和程序性。

⑦ 最高需求:品质。

3. **能力型性格本质**

能力型性格本质表现在以下几个方面:

① 核心价值观：成就。
② 个人需求与目标：控制、挑战、主动、有能力胜任一切。
③ 对外界的需求与兴趣：自由、权威、进取的机会、艰巨的任务。
④ 基本取向：如果我要事情发生，事情就必须发生。
⑤ 主要问题：对我有何利益？由谁掌管？何时完成？
⑥ 关键讯息：机会、效率和挑战性。
⑦ 最高需求：挑战。

4. 平稳型性格本质

平稳型性格本质表现在以下几个方面：
① 核心价值观：安全感和信赖。
② 个人需求与目标：认可和信任。
③ 对外界的需求与兴趣：既定的工作模式，友好的环境，情况稳定，群体认同。
④ 基本取向：如果自己认真负责，证明了自身价值，即使不提出要求也会得到奖赏。
⑤ 主要问题：这件事情的目的和价值何在？为谁而做？是否符合公益？
⑥ 关键讯息：公益性和适当性。
⑦ 最高需求：信任。

四型性格的核心价值观分别是：
① 活跃型性格：和谐。
② 完善型性格：理性。
③ 能力型性格：成就。
④ 平稳型性格：安全和信赖。

（三）与四型性格相处的秘方

在了解四种性格本质的基础上，与各种性格相处都有秘方，掌握了这些秘方，就能得心应手、事半功倍地处理人际关系。

1. 与活跃型性格的人交往

与活跃型性格的人交往的秘方具体包括以下 10 个方面。

（1）了解他们对"感染和影响他人"的强烈希望，注重以人为重心

活跃型性格的人渴望集体活动，而且希望人越多越好。因此，如果对待活跃型

性格的小孩,则要想办法给他提供与小朋友交往的机会。对待活跃型性格的员工,则应该给他们提供与人交流的空间,增强他们的成就感。

(2) 了解他们有才华,乐于出风头,强烈希望获得众人的关注和称赞

活跃型性格的人非常有才华,十分需要舞台展现自己的才华、获得周围的关注和赞美。因此,对待这种类型的儿童,可以通过举办家庭聚会让他们尽情表演,给他们掌声、鼓励和赞美,就会使他们充满信心。

(3) 引导他们甘愿扮演配角分享荣誉,表现出风度而赢得众人的欣赏

活跃型性格的人太喜欢表现自己,往往会不小心霸占了所有舞台,因此当公司或者家庭中有多个活跃性格的人时,就要积极引导他们将舞台与大家分享,懂得关心他人。与此同时,还要对其表现出的风度予以赞美,以此引导他们成长。

(4) 理解他们完成任务的困难,用公开表扬和奖赏激励他们

活跃型性格的人喜欢夸张,遇到小困难时也会将其夸大。与这类人交往时,应该理解他们的天性,当这种事情发生的时候,不要诋毁他们,而应该站在他们喜欢的角度肯定工作的困难,与此同时,尽量在公众场合对他们完成任务予以表扬和鼓励。

(5) 了解他们健谈的特点,在困难和质疑面前,他们通常喜欢倾诉和表达

活跃型性格的人对一件事情发出质疑、追根问底时,往往不是对问题本身感兴趣,而仅仅是想表达想说话的欲望。因此,有必要认可他们的这种感受,满足他们说话的需求。

(6) 理解他们说话不经思考的习惯,以及对礼物和意外惊喜的向往

活跃型性格的人往往说话随心所欲,不经过太多思考,因此,在与这类人交往时有必要过滤他们讲话的内容,同时保持宽容的心态,不与他们计较。另外,他们通常喜欢新鲜和不断变化的东西,所以可以不时地准备一些小礼物带给他们意外的惊喜。

(7) 帮助他们三思而后行,规定最后期限,避免他们承诺超过范围的事情

活跃型性格的人做事情比较莽撞,有时甚至为了取悦别人而承诺自己做不到的事情。可以给他们规定工作的最后期限,对他们的资源、条件、人力、财力等内容进行认真详细的评估,避免他们夸下海口。

(8) 不过度期望他们听自己说话

活跃型性格的人太喜欢说话了,所以与他们进行交流时,如果想要表达自己的态度,就要表现出足够的耐心,慢慢引导他们,使他们发现不让对方说话是一种不礼貌的行为。

(9) 了解他们的注意力容易转移的特点

活跃型性格的人的注意力容易转移,如容易忘记约会时间,喜欢新奇的事物,心情容易受环境影响等。因此与这类人交往时,就应该多理解他们,给予足够的宽容。

(10) 记住他们喜欢兴奋和刺激

活跃型性格的人有时开玩笑或者恶作剧会让别人下不了台,但实际上是没有恶

意的,这是他们的天性使然,所以不必过于计较。

2. 与完善型性格的人交往

与完善型性格的人交往的秘方具体包括以下10个方面。

（1）了解他们性格的内向性

完善型性格的人喜欢思考,通常会表现出闷闷不乐、心事重重,但是实际上他们并没有生气,因此,与之相处时不要过于敏感。

（2）理解他们以事为重心的风格

完善型性格的人与人相处时往往显得很冷漠,不太关心别人,过于注重结果,对事情十分认真严格。因此,与之相处时不要过分计较,没有必要上升到"态度不好"的高度,因为他们只是在认真做事而已。

（3）理解他们无休止地追问和对完美极限的挑战

完善型性格的人对完美的追求往往显得很偏执,一定要做到自己的极限才肯罢休,因此应该给予他们更大的耐心和理解。

（4）强迫他们进行思考,让他们自己解决问题

完善型性格的人对事情总是刨根究底,会问对方很多"为什么",此时,恰当的做法是反过来问他们问题的意义和价值,强迫他们进行思考。在一定意义上,他们自己解决了某件事情,心里也会感觉到很舒服。

（5）心口一致,实话实说

完善型性格的人追求完美,所以对交流的内容要求准确、真实。在发生分歧时,完善型性格的人善于用事实进行还击,有时甚至能击中要害,令人体无完肤,因此,与之交往时不要说谎,避免使自己陷入困境。

（6）要理解他们的天生悲观

完善型性格的人过于谨慎,有时显得很悲观。例如,他们往往是第一个向新思想、新观点泼冷水的人,往往是怀疑论者或聚会的扫兴者,这是他们的天性使然,与之交往时没必要过于计较。

（7）不要阻止他们畅所欲言

摒除他们冷漠的态度,完善型性格的人的见解往往极具价值。正所谓"偏听则暗,兼听则明",与之交往时要避免受他们冷漠态度的影响,尽可能地从他们身上听取客观事实,让他们畅所欲言。

（8）了解他们的敏感,鼓励他们说出内心感受,通过训练给予帮助

完善型性格的人的决定通常是经过深思熟虑才做出的,所以一旦他们出了问题,就已经到了不可挽回的地步。因此,周围的人应该多留意他们的感受,有必要在造成不良结果之前,及时疏导他们的不良情绪,辅导他们慢慢转变,帮助他们化解生活中的问题。

（9）了解他们需要衷心的关怀，并给予客观的赞美

完善型性格的人需要关怀和赞美，这时要注意一点，赞美他们时不能应付了事，也不能过分夸大，应该突出他们最有价值的一点着重赞美。与此同时，还要尊重他们的时间表，不要打乱他们的计划。

（10）帮助他们避免成为工作和家庭的奴隶

完善型性格的人需要独处，喜欢安静，要求井然有序，这些都是他们的优点，但是要避免走向极端，过分要求秩序性就会沦为工作和家庭的奴隶。因此，与之交往时就要理解他们的性格特点，帮助他们摆脱强迫自己的倾向。

3. 与能力型性格的人交往

与能力型性格的人交往的秘方具体包括以下9个方面。

（1）理解他们是天生的领导，不喜欢顺从，渴望独立和自由

能力型性格的人具备领导人的素质，他们越挫越勇，具有战胜困难的勇气，并有对事情不达目的决不罢休的毅力和决心，喜欢控制人和事，一旦事情失去控制，他们就会觉得很不舒服。因此，与之交往时有必要认识这个特点，给予他们侧面引导，避免与之发生正面冲突。

（2）不要被他们控制，帮助他们保持冷静，控制他们的情感

能力型性格的人具备控制他人的能力，因此在与之交往的过程中，最重要的是保持自己思维和决断的独立性，避免受其控制。与此同时，能力型性格的人通常都情绪火爆，因此要注意帮助他们控制情绪。

（3）引导他们回应，而不是回击，和他们做双向沟通

回应是善意的、客观的，回击是主观的、片面的、有恶意的。与能力型性格的人交往时，他们的第一反应通常是回击，想要在第一时间击倒对方。因此，有必要引导他们就事论事，不受他们霸道性格的影响，继续与他们做双向的沟通。

（4）不要过分逼迫他们，给他们台阶和出路

能力型性格的人很爱面子，因此与这类人交往时，应该尽量避免将其逼到绝境，否则他们为了挽回面子"置之死地而后生"的反击力量是相当可怕的。

（5）明白他们没有恶意，只是快人快语

能力型性格的人以事为重心，习惯快人快语、直截了当、一针见血地表达意见和看法，因此，在与他们进行沟通时，应该以委婉的方式回应，避免引起不必要的冲突。能力型性格的人一方面喜欢支配别人，另一方面又反感过于听话的人，认为他们缺乏个性，因此，在坚持双向沟通的前提下，还要不卑不亢地与这类人进行交流。

（6）划清界限的基础上给他们充分授权

能力型性格的人掌控性很强，希望拥有比较大的权力，但是权力过大时就会容易失去控制，因此，与之交往时要以明确权力界限为前提，如工作时让他们做主，但说明范围和性质。

(7) 公开场合对他们进行交流和表扬,私下里对其提出批评和建议

能力型性格的人讲求工作效率,因此,进行交流时应该开门见山、直入主题。与此同时,要在公开的场合对其进行表扬,在私人场合对其批评和建议,这样才能保全他们的颜面。

(8) 引导他们服从权威,团队合作

能力型性格的人往往很强大,总觉得自己是对的,往往缺乏团队合作的意识,在与别人合作时容易产生误会。所以,与之交往时就要让他们意识到权威的力量,引导他们积极与团队合作,尊重团队成员。

(9) 欣赏他们天生具有当机立断的能力

能力型性格的人在关键时刻不会像其他人一样失去冷静,而是不退缩、坚持主见,敢于拿主意,有非凡的决策能力。对于能力型性格的人的这个特点,交往时要表现出充分的欣赏。

4. 与平稳型性格的人交往

与平稳型性格的人交往的秘方具体包括以下 10 个方面。

(1) 了解他们不是冒险者

平稳型性格的人抵触不稳定的环境,需要平静的环境和安全感,与之交往时要给他们安定的感觉,避免向他们提出冒险性的要求。

(2) 了解他们不欣赏咄咄逼人的性格

平稳型性格的人喜欢安静,不喜欢咄咄逼人、说话高嗓门和随意发脾气的人,因此与之交往时就要注意避免。

(3) 理解他们担心伤害和挫折,恐惧挑战

平稳型性格的人害怕遭遇挫折,因此不愿意接受挑战,但这并不代表他们没有能力。因此,在与之交往时,就要帮助他们制定合适的目标,在取得阶段性成果时奖赏激励他们。

(4) 理解他们渴求接触的愿望,希望成为家庭和团队的一分子

平稳型性格的人特别渴望融入周围的大环境中,恰如其分的温暖和亲近对他们来说是非常重要的。因此,与之交往时只要抓住这个特点,就能走进他们的内心。

(5) 了解他们内心的需求

平稳型性格的人尽管表面上表现得没有追求,但不代表内心没有需求,因此周围人要理解他们内心的心愿,帮助他们完成心愿。

(6) 理解他们不喜欢意外

平稳型性格的人喜欢缓慢的变化,不喜欢突发事件,因此就要将变化提前通知他们,让他们做好心理准备。

(7) 了解他们不愿意成为先行者

平稳型性格的人不喜欢一马当先,更喜欢循着开拓者的脚印前进,因此交往时

不要强人所难,但是可以适当地培养他们的领导力。

(8) 了解他们以人为重心

平稳型性格的人以人为重心,重视人际关系,是他人可靠的救援者和感情协调者,交往时就要充分肯定他们良好的人际关系。

(9) 鼓励并强迫他们做决定,承担责任

平稳型性格的人害怕失败,往往拒绝做出决定,避免承担责任。对于这一点,周围人就要帮助他们克服恐惧心理,鼓励他们做决定,促使他们对自己的行为和承诺负责。

(10) 了解他们在没有冲突、不被催促的情况下,能将事情做到最好

平稳型性格的人不喜欢被催促,在重压下很可能手忙脚乱,但是在自动自发的情况下,甚至可以超额完成本职工作。因此,与平稳型性格的人交往就要了解他们的这个特点,并加以充分利用。

四个死刑犯

从前有四个死刑犯,分别是这四种性格的,在临刑的那一天,断头台突然坏掉了。第一个人说:"太好喽,不用死,大家明天开个 Party 庆祝一下!"这个是活跃型。第二个人说:"我要研究一下这个断头台的哪里坏了。"这个是完善型。第三个人说:"我早就跟你说过我没罪!"这个是能力型。第四个人说:"大家都没事……"这个是平稳型。

重视或威胁

1994 年,比尔·盖茨要收购 AOL(美国在线)。比尔·盖茨和 AOL 已谈得差不多了,就等最后签协议。签协议的时候,比尔·盖茨对凯斯说了一段话:"我可以收购美国在线 20% 的股份,也可以收购全部的股份,也可以不收购美国在线,我们自己进入在线业务,把你们打垮。"凯斯"蹭"地站起来:"那你放马过来吧!"然后走了,比尔·盖茨说:"你怎么走了?"凯斯说:"您刚才说什么意思?"盖茨说:"我就想告诉你,微软很重视在线业务。"凯斯说:"你说的不是这么回事,我听着好像是威胁。"

1.2 团队训练

用时	流程和内容	目的	步骤	物资及场地布置
10分钟	兔子舞。 要点:通过轻松的氛围,让学员释放能量。	暖场;建立亲和感。	1. 准备兔子舞音乐,并调暗灯光。 2. 助教带头(演示兔子舞动作)。 3. 教练共同参与。	兔子舞音乐。
15分钟	组内分享(1):上一周我在学习、生活中的收获是什么? 要点:组内成员依次分享,当一个人发言的时候,其他人只需倾听并在结尾处给予掌声鼓励。	引发自我觉察;组内成员之间的破冰。	1. 组内成员依次分享,助教、组长带头做发言标杆。 2. 组内成员分享结束后形成共识并推选出分享内容最精彩的成员作为代表到公众面前分享。	一首舒缓的轻音乐;满足学员数量的凳子。
25分钟	认识四型性格。 团队成员合作的短剧排演。	引导学员深入理解四型性格;深入认识自己的沟通对象。	1. 按照四型性格,将学员分为四支队伍。 2. 比较四支队伍成员打招呼的模式、形态、姿势、面部表情的差异。 3. 排练短剧。助教、队长带头起立,带着队员们打开身心,开展排练工作。	一首舒缓的轻音乐。
25分钟	团队短剧展示、短剧演绎。	建立团队意识;提升集体荣誉感;增强团队成员的自信感。	1. 团队成员依次展示。 2. 邀请团队队长打分:每位队长有两次投票权,且不可以投给自己的团队。投票选出最精彩的团队,并给予加分鼓励。	
15分钟	组内分享(2):今天学习了什么?感受是什么?	引发自我觉察;归纳总结。	1. 组内成员依次分享。 2. 组内成员形成共识并推选出分享内容最精彩的成员作为代表到公众面前分享。	一首舒缓的轻音乐;满足学员数量的凳子。

1.3 过程展现

活跃型性格的人留影

完善型性格的人留影

平稳型性格的人留影

能力型性格的人留影

1.4 自省日记

1	近期发生了什么事情让自己困惑或矛盾?	
2	我的感受是什么?	
3	由此我发现我是……?	
4	这件事带给我的正面价值和提示是……?(哪怕只有百分之一的价值,那会是什么?)	
5	接下来,我需要调整自己的是什么?	

第三章　自我管理

所谓自我管理，就是指个体对自己本身，对自己的目标、思想、心理和行为等表现进行的管理，自己把自己组织起来，自己约束自己，自己激励自己，自己管理自己的事务，最终实现自我奋斗目标的一个过程。自我管理又称为自我控制，是指利用个人内在力量改变行为的策略，普遍运用于减少不良行为与增加好的行为的出现。自我管理注重的是一个人的自我教导及约束的力量，亦即行为的制约是透过内控的力量（自己），而非传统的外控力量（教师、家长）。马克思早在《论犹太人问题》中表达了这样的观点：只有当人认识到自己的"原有力量"并把这种力量组织成为社会力量，因而不再把社会力量当作政治力量跟自己分开的时候……人类解放才能完成。如何去开展自我管理工作呢？

在本章中我们安排了如下内容：

- "爱的中心"练习——认识情绪管理。
- 成功画面——情绪控制与激励。
- CUP方法——自我计划的方法。
- "自省日记"练习——自我情绪识别与管理。

第一节　"爱的中心"练习——认识情绪管理

换了部门的王小小经过三个月的历练，变成了勤劳的"小蜜蜂"。看似忙碌充实的工作状态，小小却开心不起来，为了迎合领导和同事，自己变得"太懦弱"，从不拒绝同事的请求，也不敢表明自己的立场，但对新来的同事却很没耐心，发火训斥是常有的事，情绪化特别明显。小小很不喜欢现在的自己，她多次问自己：是不是该调整一下自己阴晴不定的情绪了？

◆ **知识目标：**
  1. 了解情绪的概念。
  2. 了解情绪的分类。

◆ **能力目标：**
  学会识别自身及他人的情绪。

1.1 理论知识

（一）什么是情绪

人类在认识外界事物时，会产生喜与悲、苦与乐、爱与恨等各种主观体验，我们把这种对客观事物的态度体验及相应的行为反应称为情绪。一般而言，人类具有四种基本的情绪：快乐、愤怒、恐惧和悲哀。这四种基本情绪可以派生出众多的复杂情感，如厌恶、羞耻、悔恨、嫉妒、内疚、喜欢、同情等。

（二）情绪的分类

按照情绪发生的强度、速度、紧张度、持续性等指标，可将情绪分为心境、激情和应激三种类型。

1. 心境

心境是一种微弱的、平静的、具有感染性的、持续时间很长的情绪状态。当心境舒畅时，我们会觉得身边一切都是那么美好；而当心境烦躁时，我们又会觉得诸事不顺，对什么都觉得反感。不同的人对同一事物会有不同的心境，就是同一个人在不同的环境中也会有不同的心境。

2. 激情

激情，是一种强烈的情感表现形式，往往发生在强烈刺激或突如其来的变化之后。它具有迅猛、激烈、难以抑制等特点。人在激情的支配下，常能调动身心的巨大潜力。在激情的状态下，要避免过分的冲动，要能够调控自己的情绪，不要从一个极端走向另一个极端。

3. 应激

应激是在出乎意料的紧迫与危险情况下引起的高速而高度紧张的情绪状态。应激的最直接表现即精神紧张。如当人们遇到抢劫、事故等危险或突发事件时，身心会处于高度紧张的状态，并由此引发一系列生理反应，如心跳加快、面色苍白、血压上升等。应激是人正常的生理与情绪反应，这种反应不能过长，否则会导致疾病的发生。

(三) 情绪商数

情绪商数简称EQ，也叫情商，它代表的是一个人的情绪智力能力。简单地说，情绪商数(EQ)是一个人自我情绪管理以及管理他人情绪的能力指数。

情绪商数主要包括五个方面的能力，即情绪的自我觉察能力、情绪的自我调控能力、情绪的自我激励能力、对他人情绪的识别能力以及人际关系的处理能力。

(四) 情绪管理能力

如同亚里士多德所言，任何人都会生气，这没什么难的，但要能适时适所，以适当方式对适当的对象恰如其分地生气，可就难上加难。据此，情绪管理指的是要适时适所，对适当对象恰如其分地表达情绪。

1. 情绪的自我觉察能力

情绪的自我觉察能力是指了解自己内心的一些想法和心理倾向，以及自己所具有的直觉能力。自我觉察，即当自己某种情绪刚一出现时便能够察觉，它是情绪智力的核心能力。一个人所具备的、能够监控自己的情绪以及对经常变化的情绪状态的直觉，是自我理解和心理领悟力的基础。如果一个人不具有这种对情绪的自我觉察能力，或者说不认识自己的真实的情绪感受的话，就容易听凭自己的情绪任意摆布，以至于做出许多遗憾的事情来。伟大的哲学家苏格拉底的一句"认识你自己"，道出了情绪智力的核心与实质。但在实际生活中可以发现，人们在处理自己的情绪与行为表现时风格各异，不妨自己对照一下，看看自己是哪种风格的人。

2. 情绪的自我调控能力

情绪的自我调控能力是指控制自己的情绪活动以及抑制情绪冲动的能力。情绪的调控能力是建立在对情绪状态的自我觉知的基础上的，是指一个人如何有效地摆脱焦虑、沮丧、激动、愤怒或烦恼等因为失败或不顺利而产生的消极情绪的能力。这种能力的高低，会影响一个人的工作、学习与生活。当情绪的自我调控能力低下时，就会使自己总是处于痛苦的情绪旋涡中；反之，则可以从情感的挫折或失败中迅速调整、控制并且摆脱而重整旗鼓。

3. 情绪的自我激励能力

情绪的自我激励能力是指引导或推动自己去达到预定目的的情绪倾向的能力，也就是一种自我指导能力。一个人做任何事情要成功的话，就要集中注意力，就要学会自我激励、自我把握，尽力发挥出自己的创造潜力，这就需要具备对情绪的自我调节与控制，能够对自己的需要延迟满足，能够压抑自己的某种情绪冲动。

4. 对他人情绪的识别能力

这种觉察他人情绪的能力就是所谓同理心，也即能设身处地站在别人的立场，为别人设想。越具同理心的人，越容易进入他人的内心世界，也越能觉察他人的情感状态。

5. 人际关系的处理能力

人际关系的处理能力是指善于调节与控制他人情绪反应,并能够使他人产生自己所期待的反应的能力。一般来说,能否处理好人际关系是一个人是否被社会接纳与受欢迎的基础。在处理人际关系过程中,重要的是能否正确地向他人展示自己的情绪情感,因为,一个人的情绪表现会对接受者即刻产生影响。如果你发出的情绪信息能够感染和影响对方的话,那么,人际交往就会顺利进行并且深入发展。当然,在交往过程中,自己要能够很好地调节与控制住情绪,所有这些都需要人际交往的技能。

男孩的坏脾气

有一个男孩脾气很坏,于是他的父亲就给了他一袋钉子,并且告诉他,当他想发脾气的时候,就钉一根钉子在后院的围墙上。第一天,这个男孩钉下了40根钉子。慢慢地,男孩可以控制他的情绪,不再乱发脾气,所以每天钉下的钉子也跟着减少了,他发现控制自己的脾气比钉下那些钉子来得容易一些。终于,父亲告诉他,从现在开始,每当他能控制自己的脾气的时候,就拔出一根钉子。一天天过去了,最后男孩告诉他的父亲,他终于把所有的钉子都拔出来了。于是,父亲牵着他的手来到后院,告诉他说:"孩子,你做得很好。但看看围墙上的坑坑洞洞,这些围墙将永远不能恢复到从前的样子了,当你生气时所说的话就像这些钉子一样,会留下很难弥补的疤痕,有些是难以磨灭的呀!"从此,男孩终于懂得管理情绪的重要性了。

能不能对惹你生气的人发怒?

那些在不应当愤怒时而愤怒的人,被视为无能;愤怒的方式、愤怒发作的时刻以及愤怒的对象不适合时,也被视为无能的表现。

——亚里士多德

下面请听听在某事务所工作的年轻人让·马克的诉说:

我从来没愤怒过,童年时期除外。那时我对金属玩具发火时,我的家长立即告诉我:"人不能对东西生气。"而且按照他们的观点,对人也不能生气。

进入青春期以后,我心情经常不好,他们都会要求我:"不能用自己的情绪影响别人,要控制自己。"除了最小的妹妹阿丽思,我的姐妹们比我更服从,后来阿丽思与一个个性很强的人结为夫妻。我父母履行自己的说教:总是彬彬有礼,笑容满面,心平气和,即使与他人争辩时也是这样。我还是能想起父亲驾驶汽车时,有人在前方"甩鱼尾"时他愤怒的样子(他严格按照交通规则行事)。

在生活中,无能力愤怒的表现,不久就给我带来许多麻烦。同龄青少年向我挑衅时,我无能力反击。因此我常常跑到女孩子那里躲避,因此成为女孩子们的知心人。我学习成绩很好,很容易找到了工作,也因为我的性格类型令雇主们喜欢,我平和、礼貌,而且能干。但我也很苦恼,因为我常常被雄心更强或咄咄逼人的人欺负。他们故意这样做,我想是因为他们不害怕我。有时,我会因对某个同事霸占了项目或其他不愉快的事情反复琢磨,心里很不是滋味。但是只要一面对他们,我有教养的"好孩子"表现就占了上风,我表现出彬彬有礼,只不过与之拉开点距离而已。妻子因此常常谴责我,因为她是我无能力对进攻做出反应的直接见证人,她非常愤怒。这种无能力发怒的压力变得越来越大,于是我决定去和心理治疗师谈一谈。其实不是我害怕对方的反应,只是他人进攻时,我感到内心的退缩,于是变得无动于衷,可事后我非常愤怒。家长把我训练得太有教养了!

让·马克对不能将愤怒表达出来而造成的不良后果描写得淋漓尽致:

——他人对自己的任意摆弄。

——私下里常常对自己的无力反击而痛苦烦恼。

——一个男人缺少表达愤怒的能力,被看做唯命是从,缺乏男子汉气魄。

因此,不要因为自己表达了愤怒而觉得自己不好,你有权愤怒。当你愤怒时,请你这样想:

——最好能够控制,但是我不一定总能做到。

——我情愿不伤害别人,但是如果发生了,我也能承受。

——最好在我有道理的时候愤怒,但是我也有权做错事。

——我喜欢被人接纳,但是我不可能让所有的人喜欢我。

1.2 团队训练

用时	流程和内容	目的	步骤	物资及场地布置
10分钟	按摩操。 要点:通过轻松的氛围,让学员释放能量。	暖场;建立亲和感。	1. 准备好比较舒缓的音乐,并调暗灯光。 2. 助教带头(按摩操动作); 3. 教练共同参与。	一首舒缓的音乐。

续表

用 时	流程和内容	目 的	步 骤	物资及场地布置
25分钟	组内分享(1):上一周我在学习、生活中的收获是什么? 要点:组内成员依次分享,当一个人发言的时候,其他人只需倾听并在结尾处给予掌声鼓励。	引发自我觉察;组内成员之间的破冰。	1. 组内成员依次分享,助教、组长带头做发言标杆。 2. 组内成员分享结束后形成共识并推选出分享内容最精彩的成员作为代表到公众面前分享。	一首舒缓的轻音乐;满足学员数量的凳子。
35分钟	团队成员共同完成"爱的中心"练习。	理解"爱的中心"练习的目的。 认识情绪管理。	练习用鼻子呼吸的方法:鼻子先深吸气,再慢慢地用鼻子吐出,同时感受全身,从头到脚。 "爱的中心"练习:用鼻子呼吸一次,再喊8次"爱"或者8次"love",用鼻子呼吸一次,把声调降低一半再喊8次"爱"或者8次"love",就好像将一枚铜钱扔进海里,逐步下沉向海底,留意你的丹田并重复。	一首舒缓的轻音乐。
20分钟	组内分享(2):今天学习了什么?感受是什么?	引发自我觉察;归纳总结。	1. 组内成员依次分享。 2. 组内成员形成共识并推选出分享内容最精彩的成员作为代表到公众面前分享。	一首舒缓的轻音乐;满足学员数量的凳子。

1.3 过程展现

"爱的中心"练习——冥想

1.4　自省日记

1	近期发生了什么事情让自己困惑或矛盾？	
2	我的感受是什么？	
3	由此我发现我是……？	
4	这件事带给我的正面价值和提示是……？（哪怕只有百分之一的价值,那会是什么？）	
5	接下来,我需要调整自己的是什么？	

第二节　成功画面——情绪控制与激励

认识到情绪管理的重要性之后,王小小又惊又喜。惊的是,自己以前控制不了自己的情绪,给自己带来了很多麻烦；喜的是,自己意识到了不懂得控制情绪的危害,现在做出改变可以避免将来遭遇麻烦。但如何才能有效地控制自己的情绪呢？

◆ **知识目标：**
1. 了解控制情绪的意义。
2. 掌握控制情绪的方法。
3. 掌握自我激励的方法。

◆ **能力目标：**
学会激励团队成员。

1.1 理论知识

（一）自我情绪的控制

每个人都有自己的情绪形态与模式，在愤怒之时，若乱发脾气会影响人际关系；若不发脾气，长期压抑，又伤害自己的身心。也就是说，无论你处于哪一种情绪形态，都存在一个控制与开发的问题。因此，学会控制自我情绪不仅是你事业的需要，也是你生活中的一件大事。

1. 情绪及行为过程中的控制

如果把情绪及其相应行为的产生看作是一个过程的话，我们可以把过程划分为五个阶段，每个阶段都可以发挥主观能动性，不让情绪肆虐，理智地控制自我情绪。下面举一例来加以说明这五个阶段的控制方法。假如你是一名刚毕业的大学生，第二天要去一家大公司面试，为了有一个良好的身心状态去迎接第二天的挑战，你必须控制自己的情绪，那么以下是你在各个阶段可能用到的控制情绪的手段。

（1）情境选择阶段

在这个阶段你可以通过选择有利情境来控制情绪。比如说在头一天晚上你可以选择去跟朋友们愉快聊天，而不是挑灯夜战去背一些专业技术名词。

（2）情境修补阶段

当你所选择的情景并不十分理想时，可以在这个阶段再做些修补。比如在第一个阶段你选择了与朋友聊天，可他们聊着聊着就聊到了你第二天的面试，那么你可要求他们换一个更轻松的话题。

（3）注意分配阶段

可以将你的注意点转移到其他事情上来控制情绪。比如你个性较内向，当朋友们聊起你的面试时你不大好意思让他们换个话题，此时可以把注意点转移到其他事情上，比如聊聊朋友的新发型、新衣服等。

（4）认知改变阶段

它是指当情境基本稳定，改变已经不大可能，仍然可以通过将情境赋予不同的意义而控制情绪。比如无论你怎么运用前三个方法，面试本身是无可避免的，这时你可以把面试看作一次锻炼自己的绝好机会，即使是失败，它所给你的经验也是非常宝贵的，它可让你下一次的面试更加顺利。事实上这是控制情绪的最重要的方法，"苦中作乐""穷快活""酸葡萄"等词尽管不太好听，但确实是非常实用的调节情绪的方法。

（5）行为调控阶段

它与前四个阶段有一个很大的区别，前四个阶段都是在行为的冲动产生之前进行调节,也就是我们常说的"疏导";而最后一阶段是指在行动的冲动已经产生后对这种冲动的调节,即"压抑"。此阶段调节的重点是把紧张的情绪舒展开来,可以通过找熟人倾诉或者寻找更有效的方法来化解冲突,调节情绪。

2. 情绪控制的方法

自我情绪的控制还需要借助一定的方法和技巧。

（1）数颜色法

美国心理学家费尔德提出了一种控制情绪的有效方法,即"数颜色法"。其操作方法是,当你不满某个人或某件事而感到怒不可遏,想要大发脾气时,如有可能的话,暂停手中的工作,寻找一独立空间,做下面的练习:首先,环顾四周的景物,然后在心中自言自语:那是一面白色的墙壁;那是一张浅黄色的桌子;那是一把深色的椅子;那是一个绿色的文件柜……一直数到十二种颜色的物体,大约数三十秒。如果你不能立即离开令你生气的现场,如正在听主管领导的批评或父母大人的教诲,你也可以就地进行以上练习。这就是所谓的"数颜色法。"

（2）记情绪日记法

情绪日记不同于一般的日记,它记的是每天自我情绪的情况。即每天发生了什么事,我有什么感觉,甚至一些微小的感觉也要记录在案。这是心理学家们对控制迟钝型情绪的建议。事实证明,压抑不是解决问题的办法。因为你当时没有发脾气,克制住了自己,但愤怒的情绪仍然存在,日积月累,到最后实在压抑不住了,一旦发泄出来,就如同火山爆发,十分可怕,不但自己会受伤,对方更难以承受。这一点须特别注意。正如人们所说的,某先生脾气很好,但一旦发起脾气可就不得了。这就是迟钝型人的情绪特点。因此,情绪日记法是迟钝型人控制自己情绪的一种有效方法。

（3）暗示调节法

自我暗示是改变自己情绪的有效方法之一。其基本的做法是自己给自己输送积极信号,以此来调整自己的心态,改变自己的情绪。具体的暗示方法有多种。

比如,早上起床时,就不断地给自己暗示:今天我心情很好！今天我很高兴！今天我办事一定顺利！今天我一定有好运气！使自己的潜意识接受这些信号。这会对你一天的情绪有很大的影响,使你能够心情愉快、精神饱满地去从事各项工作。

（4）运动纾解法

据心理学专家温斯拉夫研究发现,最好的情绪纾解方法之一是运动。因为当人们在沮丧或愤怒时,生理上会产生一些异常现象,这些都可以通过运动,如跑步、打球、打拳等方式,使生理恢复原状。生理得到恢复,情绪也就自然正常。有的公司就是利用这一方法来消除职工的不满情绪的。如某公司专门安排了一个房间,在房间里放着公司高级主管的人体模型,当职工对高级主管不满意时,就可到此房间对着高级主管,大骂一顿或拳打脚踢一阵,发泄完了,心里感到平衡了,再回岗位继续工作。这就是运动纾解情绪法。

（5）音乐缓解法

音乐具有强烈的情绪感染力，因此也是缓解情绪的有效方法之一。对于部分人而言，当心情不佳时，听上一曲自己最喜欢的音乐，沮丧的情绪就会烟消云散。因此，建议喜欢音乐的朋友，不妨准备几盒自己最喜欢的录音带，放在身边，心情不好时放上几曲，以此来调整一下自己的情绪。

（6）不逃避现实法

保留型或压抑型的人不会将愤怒直接发泄出来，因为他们认为："生气愤怒都是不应当发生的事，怎么还可以乱发脾气呢？"平时尽量压抑自己的怒气。有些保留型的人在不高兴时，采取离开现场的方式，避免正面冲突，等双方的怒气消失了，冷静下来再说。多数人可能认为，这是一种很好的制怒、避免冲突的方法，其实并非如此。因为即使自己一言不发，也在进行着沟通，自己的肢体、表情已经显示出自己的态度。有时不吭声，比吭声更气人。

专家们研究证明，许多人在离去的当时，或许庆幸自己避免了一场风暴，但事后再与对方见面时，虽然时过境迁，仍很难寻找到解决之道。尤其在逃离现场时，不是在一种心平气和的状态下，这不仅不利于解决问题，反而会使问题更加严重。

（7）注意力调控法

当你情绪不佳时，把注意力调整到你过去的光辉之处，来一段美好的回忆；当你对某人有看法时，把你的注意力调整一个角度，看看此人对你好的一面；当你对某事有反感时，把你的注意力调整一百八十度，看看事物的另一面。这样也许能改变你的情绪，使你的心情更加愉快，使你的生活、工作、学习更加顺利。

（8）自我平衡法

有些人的得失心特别重，也就特别容易焦虑、害怕、紧张、恐惧，而且对这些情绪无法控制，所以常因一些工作上小的失误而感到沮丧、自责，全盘否定自己。很多人或多或少都有这种表现。这种自我否定，会使自己陷入沮丧的情绪之中难以自拔，越想越可怕，焦虑、紧张、恐惧之心日趋严重，情绪越来越差。心理学家们认为，我们之所以对自己施以过度的压力及自责，主要因为我们的潜意识中有一种"我的过错，所有的人都看得到，而且都很在乎；我犯了错，我再也没法在他人面前抬起头来"的想法在作怪。

究其原因，他们视自己为世界的中心，认为世界总绕着自己转，若自己犯了一些小错误，就觉得自己犯了一件不得了的大事，别人都在注意他，自己的一切全完了。事实上别人并没有把你看得那么重要，有缺点、有毛病、工作失误都是一种正常现象。你会犯错误，别人也会犯错误。

（二）自我情绪的激励

自我激励是指个体具有不需要外界的奖励和惩罚作为激励手段，能为设定的目标自我努力工作的一种心理特征。自我激励是一个人迈向成功的引擎。研究发现：一个没有受激励的人，仅能发挥其能力的20%～30%；而当他受到激励时能力的发挥高达80%～90%。自我激励在情绪管理中占据非常重要的位置，它对提高情绪管理能力发挥着重要的作用。

1. 自我激励的作用

通过自我鞭策，保持对学习和工作的高度热忱，这是一切成就的动力；通过自我约束，以克制冲动和延迟满足，这是获得任何成就的保证。

2. 自我激励的几种方法

(1) 调高目标

真正能激励你奋发向上的是确立一个既宏伟又具体的远大目标。许多人惊奇地发现，他们之所以达不到自己孜孜以求的目标，是因为他们的目标太小，太模糊，使自己失去主动力。如果你的目标不能激发你的想象力，目标的实现就会遥遥无期。

(2) 远离安逸

不断寻求挑战，体内就会发生奇妙的变化，从而获得新的动力和力量。但是，不要总想在自身之外寻舒适。令你舒适的事不在别处，就在你身上。远离舒适区，找出自身的情绪高涨期，用来不断激励自己。

(3) 慎重择友

对于那些不支持你目标的"朋友"要敬而远之。你所交往的人会改变你的生活。结交那些希望你快乐和成功的人，你在人生的路上将获得更多益处。与乐观的人为伴，能让我们看到更多的人生希望。

(4) 正视危机

危机能激发我们竭尽全力。无视这种现象，我们往往会愚蠢地创造一种舒适的生活方式，使自己生活得风平浪静。当然，我们不必坐等危机或悲剧的到来，从内心挑战自我是我们生命力的源泉。

(5) 精工细笔

创造自我，如同绘制一幅巨幅画一样，不要怕精工细笔。如果把自己当作一幅正在创作中的杰作，你就会乐于从细微处做改变。一件小事做得与众不同，也会令你兴奋不已。

(6) 敢于犯错

有时候我们不做一件事，是因为我们没有把握做好。我们感到自己"状态不佳"或精力不足时，往往会把必须做的事放在一边，或等灵感的降临。有些看来做不好的事情，一旦做起来了并不难，犯错并不可怕，及时调整自己，一定会乐在其中。

(7) 加强排练

先"排演"一场比你要面对的局面更复杂的战斗。如果手上有棘手活而自己又犹豫不决，不妨挑件更难的事先做。成功的真谛是：对自己越苛刻，生活对你越宽容;对自己越宽容,生活对你越苛刻。

(8) 迎接恐惧

人战胜恐惧后,往往迎来的是某种安全有益的东西。哪怕克服的是小小的恐惧,也会增强你对创造自己生活能力的信心。如果一味想避开恐惧,假装它们不存在,它们一定会对你穷追不舍。

爱地巴跑圈

在古老的西藏,有一个叫爱地巴的人,每次生气和人起争执的时候,就以很快的速度跑回家去,绕着自己的房子和土地跑3圈,然后坐在田地边喘气。爱地巴工作非常努力,他的房子越来越大,土地也越来越广,但不管房地有多大,只要与人争论生气,他还是会绕着房子和土地绕3圈,爱地巴为何每次生气都绕着房子和土地绕3圈?所有认识他的人,心里都起疑惑,但是不管怎么问他,爱地巴都不愿意说明。

直到有一天,爱地巴很老了,他的房地已经很广大。某一天他生气,拄着拐杖艰难地绕着土地跟房子,等他好不容易走完3圈,太阳都下山了,爱地巴独自坐在田边喘气。他的孙子在身边恳求他:"阿公,你年纪大了,这附近地区的人也没有人的土地比你更大,您不能再像从前,一生气就绕着土地跑啊!您可不可以告诉我这个秘密,为什么您一生气就要绕着土地跑上3圈?"

经孙子恳求,爱地巴终于说出隐藏在心中多年的秘密,他说:"我年轻时,若和人吵架、争论、生气,就绕着房地跑3圈,边跑边想,我的房子这么小,土地这么小,我哪有时间、哪有资格去跟人家生气,一想到这里,气就消了,于是就把所有时间用来努力工作。"孙子问到:"阿公,你年纪大了,又变成最富有的人,为什么还要绕着房地跑?"爱地巴笑着说:"我现在还是会生气,生气时绕着房地走3圈,边走边想,我的房子这么大,土地这么多,我又何必跟人计较?一想到这,气就消了。"

斗鸡的心理战术

周宣王很喜欢观看斗鸡,他的门下有一位专门驯养斗鸡的纪渻子。有一天,有人从外地送来一只很强壮的斗鸡给国王,周宣王很高兴地将它交给纪渻子。过了几天,周宣王便问道:"几天前交给你的斗鸡,你训练得怎么样了?可以上场比斗了吗?"纪浪子说:"还不可以,因为这只鸡血气方刚,斗志昂扬,还不宜上场。"再过几天,急性的周宣王又问同样的问题,纪浪子回答说:"还不能上场。因为这只鸡看到其他鸡的影子,就会冲动,所以还不能上场。"又过了几天,周宣王再问。这回,纪浪子便说:"可以了!因为当它看到其他斗鸡,听到它们的声音时,一动不动,它的心已不受外物所动,就像木鸡一样,现在可以上场了!"

于是,周宣王使用这只鸡去参加斗鸡,它一上场就稳稳站立,毫无摆动,即使其他斗鸡在它身边百般挑衅,它仍然无动于衷,以眼睛注视对方,对方被吓得自然后退,没有一只鸡敢向它挑战。

启示:我们要以宽容的心去对待每个人,不要动不动就心浮气躁,以为别人都在与我们作对。例如,当别人对我们的建议或言论提出异议时,不要轻易动怒,应心平气和地聆听,有时则应大智若愚,发挥斗鸡的心理战术,以静制动,往往会取得意想不到的效果。

1.2 团队训练

用 时	流程和内容	目 的	步 骤	物资及场地布置
10分钟	兔子舞。要点:通过轻松的氛围,让学员释放能量。	暖场;建立亲和感。	1. 准备兔子舞音乐,并调暗灯光。 2. 助教带头(演示兔子舞动作)。 3. 教练共同参与。	兔子舞音乐。
25分钟	组内分享(1):上一周我在学习、生活中的收获是什么?要点:组内成员依次分享,当一个人发言的时候,其他人只需倾听并在结尾处给予掌声鼓励。	引发自我觉察;组内成员之间的破冰。	1. 组内成员依次分享,助教、组长带头做发言标杆。 2. 组内成员分享结束后形成共识并推选出分享内容最精彩的成员作为代表到公众面前分享。	一首舒缓的轻音乐;满足学员数量的凳子。
40分钟	冥想:成功画面。团队成员共同做冥想。	队员的情绪控制与激励。通过成功画面,让学员对自身的未来有一清晰的认知。	教练带领队员做冥想。	一首舒缓的轻音乐。

续表

用时	流程和内容	目 的	步 骤	物资及场地布置
15分钟	组内分享(2): 1. 今天学习了什么? 2. 今天感受是什么? 3. 罗列自己的幸福清单。	引发自我觉察;归纳总结。	1. 组内成员依次分享。 2. 组内成员形成共识并推选出分享内容最精彩的成员作为代表到公众面前分享。	一首舒缓的轻音乐;满足学员数量的凳子。

冥想词:

《接纳自己》

我接纳我的存在,

我接纳我存在的一切,

我接纳我的身体,

我接纳我的思想,

我接纳我的一切行为。

我接纳我是如此的与众不同,

我接纳我与众不同的眉毛,

我接纳我与众不同的眼睛,

我接纳我与众不同的鼻子,

我接纳我与众不同的头发,

我接纳我与众不同的脸,

我接纳我与众不同的耳朵,

我接纳我与众不同的嘴、牙齿,

我接纳我与众不同的脖子。

我欣赏我的身体,

我欣赏我身体的每一个部位,

我欣赏我身体的每一个器官,

当我欣赏我的身体的时候,

我的每个细胞都充满了活力,放着光。

当我欣赏我的身体的时候,

我欣赏我与众不同的说话的声音,

我欣赏我在别人面前所有一切行为。

有的行为让我觉得很难堪,

但是我依然欣赏,这个过程让我经历了我应对生活的方式,

我接纳我的行为给我带来的一切不愉快,

也接纳由此给我带来的更深的领悟。

我接纳我以一个与众不同的生命形态存在于这个世界上，

我接纳我的一切的生命历程。

我接纳我自己。

想象金色的光，照亮你的身体，照亮你过往所经历的一切。

然后慢慢回到当下，搓搓手、搓搓脸。

1.3　过程展现

× 学员的幸福清单

1. 我拥有健康的身体。
2. 父母安在，身体健康。
3. 有两三个知己。
4. 有个女朋友，两个人目标一致，有辆车。
5. 经常能打打户外篮球，每周能踢场足球。

1.4　自省日记

1	近期发生了什么事情让自己困惑或矛盾？	
2	我的感受是什么？	
3	由此我发现我是……？	
4	这件事带给我的正面价值和提示是……？（哪怕只有百分之一的价值，那会是什么？）	
5	接下来，我需要调整自己的是什么？	

第三节 CUP方法——自我计划的方法

知道了情绪控制与激励的方法后,王小小仍收效甚微,经常因为工作没有按计划完成而垂头丧气。因经常要加班,小小的生活和工作杂糅在一起,平时心情很不好。问题的根源在哪里呢?小小忽然意识到自己之所以不能按计划完成任务,大部分情况下被一些琐碎的事情打扰,当然,有时候自己的计划也不切实际。小小该怎样做才能提升自己的工作效率呢?

◆ **知识目标**:
1. 了解计划的含义。
2. 掌握制订计划的要素。
3. 掌握CUP方法。

◆ **能力目标**:
学会制订个人短期计划。

1.1 理论知识

1. 计划的含义

在管理学中,计划具有双重含义:其一是计划工作,是指根据对组织外部环境与内部条件的分析,提出在未来一定时期内要达到的组织目标以及实现目标的方案途径;其二是计划形式,是指用文字和指标等形式所表述的组织以及组织内不同部门和不同成员,在未来一定时期内关于行动方向、内容和方式安排的管理事件。

一个计划包括我们将来行动的目标和方式。计划与未来有关,是面向未来的,而不是过去的总结,也不是现状的描述;计划与行动有关,是面向行动的,而不是空乏的议论。面向未来和面向行动是计划的两大显著特征。

2. 制订计划的要素

要表述清楚一件事情,必须要阐明一些要素。计划制订亦如此,也需要用一些要素来表达,具体可概括为5W2H。

5w:what,who,when,where,why。

what:计划所指的要做什么或完成什么;明确工作任务。

who:计划由谁、哪些人执行;明确工作任务的担当者。
when:什么时候执行到什么程度;明确工作任务进度。
where:在什么地方进行工作;明确工作开展地点、区域。
why:为什么要这样做;明确工作起因、动机。
2h:how,how many。
how:怎么开展工作;明确工作方式、方法。
how many:完成多少工作;明确工作量。

布置工作任务或做工作计划应该具备以上要素,才能称为一项基本完整的计划。

3. 制订计划时应遵循的原则

(1) 统筹原则

在制订计划时,不仅要考虑它对计划范围会产生哪些影响,而且要考虑对全局可能产生的影响。

(2) 重点原则

既要认清主次和轻重缓急,抓住关键及重点,又要解决好影响全局的问题。

(3) 连锁原则

在计划中,要考虑各项活动的相互关系及连锁反应,进行必要的协调,有效利用资源,提高组织的各项效益。

(4) 发展原则

计划的制订一定要面向未来,充分预计发展趋势及速度,使计划适应新的发展、新的形势。

(5) 创新原则

要求针对任务、目标及对未来情况进行分析,创造性地提出新思路、新方法、新措施。

(6) 弹性原则

制订计划必须有一定弹性,留有余地,减少不确定因素的影响,以保证计划目标的实现。

4. CUP 方法

CUP 即 Certainty,Urgency,Plan 三个英文单词的缩写,代表可能性、紧急性和可执行性。

三个数字相乘除以 1000,检查其百分比,若低于 60%,表示没有可能性;若高于 60%,表示有可能性;若高于 65%,表示有很大的可能性。

分析造成百分比低的原因是什么,寻找解决方案。

 **案例一**

日本马拉松运动员山田本一的故事

1984年,在东京国际马拉松邀请赛中,名不见经传的日本选手山田本一出人意外地夺得了世界冠军。当记者问他凭什么取得如此惊人的成绩时,他说了这么一句话:凭智慧战胜对手。

当时许多人都认为这个偶然跑到前面的矮个子选手是在故弄玄虚。马拉松赛是体力和耐力的运动,只要身体素质好又有耐性就有望夺冠,爆发力和速度都在其次,说用智慧取胜确实有点勉强。

两年后,意大利国际马拉松邀请赛在意大利北部城市米兰举行,山田本一代表日本参加比赛。这一次,他又获得了世界冠军。记者又请他谈经验。

山田本一性情木讷,不善言谈,回答的仍是上次那句话:用智慧战胜对手。这回记者在报纸上没再挖苦他,但对他所谓的智慧迷惑不解。

10年后,这个谜终于被解开了,他在他的自传中是这么说的:每次比赛之前,我都要乘车把比赛线路仔细地看一遍,并把沿途比较醒目的标志画下来,比如第一个标志是银行,第二个标志是一棵大树,第三个标志是一座红房子……这样一直画到赛程的终点。比赛开始后,我就以百米的速度奋力地向第一个目标冲去,等到达第一个目标后,我又以同样的速度向第二个目标冲去。40多公里的赛程,被我分解成几个小目标就轻松地跑完了。起初,我并不懂这样的道理,我把我的目标定在40多公里外终点线上的那面旗帜上,结果我跑到十几公里时就疲惫不堪了,我被前面那段遥远的路程给吓倒了。

山田本一说的不是假话,众多心理学实验也证明了山田本一的正确。心理学家得出了这样的结论:当人们的行动有了明确目标,并能把自己的行动与目标不断地加以对照,进而清楚地知道自己的行进速度和与目标之间的距离,人们行动的动机就会得到维持和加强,就会自觉地克服一切困难,努力达到目标。确实,要达到目标,就要像上楼梯一样,一步一个台阶,把大目标分解为多个易于达到的小目标,脚踏实地向前迈进。每前进一步,达到一个小目标,就会体验到"成功的喜悦",这种"感觉"将推动他充分调动自己的潜能去达到下一个目标。

 **案例二**

麦肯锡的建议

伯利恒钢铁公司的总裁查理斯·舒瓦普曾会见麦肯锡的效率专家艾维·利。会见时,艾维·利说麦肯锡能帮助舒瓦普把他的钢铁公司管理得更好。舒瓦普说他自己懂得如何管理,但事实上公司并不尽如人意。他说自己需要的不是更多的知识,而是更多的行动。他说:"应该做什么,我们自己是清楚的。如果你能告诉我如何更好地执行计划,我听你的,在合理范围内价钱由你定。"

艾维·利说可以在10分钟内给舒瓦普一样东西,这东西能使他的公司的业绩提高至少50%。然后他递给舒瓦普一张空白纸,说:"在这张纸上写下你明天要做的最重要的六件事。"过了一会儿又说:"现在用数字标明每件事情对于你和你的公司的重要性次序。"这花了大约5分钟。

艾维·利接着说:"现在把这张纸放进口袋。明天早上第一件事情就是把这张纸条拿出来,做第一项。不要看其他的,只看第一项。着手办第一件事,直至完成为止。然后用同样方法对待第二件事、第三件事,直到你下班为止。如果你只做完第一件事情,那不要紧。你总是做着最重要的事情。"艾维·利又说:"每一天都要这样做。你对这种方法的价值深信不疑之后,叫你公司的人也这样干。这个实验你爱做多久就做多久,然后给我寄支票来,你认为值多少就给我多少。"

整个会见历时不到半个钟头。几个星期之后,舒瓦普给艾维·利寄去一张2.5万美元的支票,还有一封信。信上说从钱的观点看,那是他一生中最有价值的一课。后来有人说,五年之后,这个当年不为人知的小钢铁厂一跃成为世界上最大的独立钢铁厂,而其中,艾维·利提出的方法功不可没。这个方法还为舒瓦普赚得了一亿美元。

1.2 团队训练

用时	流程和内容	目的	步骤	物资及场地布置
10分钟	兔子舞。 要点:通过轻松的氛围,让学员释放能量。	暖场;建立亲和感。	1. 准备兔子舞音乐,并调暗灯光。 2. 助教带头(演示兔子舞动作)。 3. 教练共同参与。	兔子舞音乐。
15分钟	组内分享(1):上一周我在学习、生活中的收获是什么? 要点:组内成员依次分享,当一个人发言的时候,其他人只需倾听并在结尾处给予掌声鼓励。	引发自我觉察;组内成员之间的破冰。	1. 组内成员依次分享,助教、组长带头做发言标杆。 2. 组内成员分享结束后形成共识并推选出分享内容最精彩的成员作为代表到公众面前分享。	一首舒缓的轻音乐;满足学员数量的凳子。

续表

用时	流程和内容	目的	步骤	物资及场地布置
45分钟	CUP方法测试:团队成员在组内自行用CUP方法对自己进行检测。	提高队员之间的协作精神;开阔视野,及时发现问题,解决问题。	1~10打分。 1. C 确定性 = 有多大确定性会发生。 2. U 紧急度 = 找到最紧急的差距。 3. P 计划 = 有没有行动计划。	若干水彩笔、大白纸;白板;黑、红、蓝记号笔各两支;学员每人一本笔记本;一首舒缓的轻音乐。
20分钟	组内分享(2):今天学习了什么?感受是什么?	引发自我觉察;归纳总结。	1. 组内成员依次分享。 2. 组内成员形成共识并推选出分享内容最精彩的成员作为代表到公众面前分享。	一首舒缓的轻音乐;满足学员数量的凳子。

1.3 过程展现

CUP 检测中

1.4 自省日记

1	近期发生了什么事情让自己困惑或矛盾?	
2	我的感受是什么?	
3	由此我发现我是……?	
4	这件事带给我的正面价值和提示是……?（哪怕只有百分之一的价值,那会是什么?）	
5	接下来,我需要调整自己的是什么?	

第四节 "自省日记"练习——自我情绪识别与管理

在学姐的悉心指导下,王小小顺利完成了项目计划书以及实施工作,获得了领导的认可和同事的好评。回首这段"情绪控制史",王小小长长地舒了一口气,她很庆幸自己能够通过别人的帮助改变了自己。王小小能够做到,你能做到吗？平日里,你的情绪是被"表达"出来的还是"发泄"出来的？

◆ 知识目标：
1. 了解自省的含义及误区。
2. 了解情绪表达的误区。
3. 掌握识别和管理情绪的方法。

◆ 能力目标：
学会表达情绪。

1.1 理论知识

（一）什么是自省

自省，就是自我评价、自我反省、自我批评、自我调控和自我教育，是孔子提出的一种自我道德修养的方法。"自省"就是通过自我意识来省察自己言行的过程，其目的正如朱熹所说："日省其身，有则改之，无则加勉。"

（二）自省的误区

自省不等于自我批判，也包括自我肯定。逆境时要自省，顺境时更要自省，在自省中总结过去，规划未来。自省也不等于盲目自责，自省是积极的、愉快的、建设性的，是往好的一面引导自己的思想言行。

（三）情绪表达误区

"表达情绪"不是"发泄情绪"，"发泄情绪"带有任性的意味，而"表达情绪"是希望别人了解我们正处在某种不愉快的情绪中，期待别人的支持与体谅，让你的情绪水位在未达到一定峰值的时候适当泄洪，以保障大堤不致溃败。

（四）如何认识情绪和管理好自己的情绪

1. 正确地表达自己的亲身体验

① 适当的原因和对象引发与之相适应的情绪反应。

② 情绪反应与情境刺激相一致。

③ 情绪反应有一定的时间限度。

2. 克服不良情绪

① 宣泄。采用一定的方法和方式，把个体的情绪体验表达出来。

② 转移。从主观上努力把注意力从消极或不良的情绪状态转移到其他事务上的一种自我调节方法。

③ 自我安慰。学会找出合乎情理的原因来为自己辩解和解脱。

④ 积极的自我暗示。运用内部言语或书面语言以隐含的方式来调节和控制情绪。

⑤ 调整认知结构。

3. 保持和创造快乐情绪

（1）制怒术

要做情绪的主人，当喜则喜，当悲则悲。在遇到令人愤怒的事情时，先想一想发怒有无道理，再想一想发怒后会有什么后果，最后想一想有没有其他方式来代替，这样想过后人就会变得理智起来。

（2）愉悦术

努力增加积极情绪以削弱消极情绪。具体方法有三：一是多交朋友，在人际交往中感受快乐;二是多立些小目标,小目标易实现,每实现一个小目标都会带来愉悦的满足感;三是学会辩证思维,从容对待挫折与失败。

（3）幽默术

幽默是避免人际冲突、缓解紧张的灵丹妙药。生活中要多笑勿愁,经常以幽默的方式表述,既可以给他人带来快乐,也可使自己心安理得、心境坦然。

（4）宣泄术

遇到不如意、不愉快的事情,可以通过转移注意力去做另外一件事情,如跑步、读小说、看电影,甚至可以大哭一场,或者找朋友谈心诉说来宣泄自己不愉快的情绪。

（5）升华术

就是把受挫折的不良情绪引向崇高的境界。如司马迁在遭受奇耻大辱的宫刑后,把全部精力放在了著述《史记》上,终成一代史学大师。

（6）放松术

心情不佳时,可通过循序渐进、自上而下地放松全身,或通过自我按摩等方法使自己进入放松安静状态,然后面带微笑,抛开面前不愉快之事,回忆自己曾经历过的愉快情境,从而消除不良情绪。在日常生活中,调节情绪提倡心理卫生,学会自我心理调节,以保持良好的精神状态。具体来说,希望能做到以下几点：

① 要对自然事物保持兴趣。像孩子一样,对环境中的色彩、声、光、香味、美景等自然万物保持兴趣,使人生变成一段趣味无穷的旅程。

② 广交朋友,积极处世。与朋友一起,积极参与一些有意义的活动,克服顾影自怜、郁郁寡欢的自卑心理。

③ 乐观开朗的人生态度。无论在学校里或家庭中,避免过多的抱怨、挑剔和指责。遇事不忘超脱,放弃一切成见。尤其在用餐时切忌苦恼、害怕、焦灼或责难。

④ 对问题当机立断,不要左思右想,犹豫不决。问题一经决定,不要再去多想。

⑤ 珍惜时光。不要热衷于空想未来、追忆从前,使自己陷入苦思冥想的深渊,应该以最有效的方法来从事现在的工作和生活。

⑥ 从事适度的文娱、体育活动。

⑦ 必要时可运用"心理防御机制"进行自我调节。不良情绪的体验会影响人们形成健康的情绪状态,也可能会导致不同程度的心理障碍。所以,学会对不良情绪加以调适,对身心健康是非常重要的。

一只苍蝇可以打败一个世界冠军

1965年9月7日,世界台球冠军争夺赛在纽约举行。路易斯·福克斯的得分遥遥领先,只要再得几分就能稳拿冠军。就在这时他发现一只苍蝇落在主球上,他挥挥手赶走了。

可是当他伏身击球时苍蝇又飞回来了,他起身驱赶,但苍蝇好像在跟他作对,他一回身,苍蝇就落在主球上,周围的观众发现了这个现象,开始哈哈大笑。

他的情绪恶劣到了极点,终于失去了理智,愤怒地用球杆去击打苍蝇,结果碰到了主球,裁判判他击到了球,于是他失去了一轮机会。他因此方寸大乱,连连失利,而对手约翰·迪瑞越战越勇,最后获得了冠军。

第二天人们发现了路易斯的尸体,他投河自杀了。一只小小的苍蝇,竟然打垮了大名鼎鼎的世界冠军。

斯坦顿的信

一天,美国前陆军部长斯坦顿来到林肯那里,气呼呼地说一位少将用侮辱的话指责他偏袒一些人。林肯建议斯坦顿,写一封内容尖刻的信回敬那家伙。

斯坦顿立刻写了一封措辞强烈的信,然后拿给总统看。"对了,对了。"林肯高声叫好,"要的就是这个!好好训他一顿,真写绝了,斯坦顿。"

但是当斯坦顿把信叠好装进信封里时,林肯却叫住他,问道:"你干什么?""寄出去呀。"斯坦顿有些摸不着头脑了。

"不要胡闹。"林肯大声说:"这封信不能发,快把它扔到炉子里去。凡是生气时写的信,我都是这么处理的。这封信写得好,写的时候你已经解了气,现在感觉好多了吧?那么请你把它烧掉,再写第二封信吧。"

1.2 团队训练

用时	流程和内容	目 的	步 骤	物资及场地布置
10分钟	兔子舞。 要点：通过轻松的氛围，让学员释放能量。	暖场；建立亲和感。	1. 准备兔子舞音乐，并调暗灯光。 2. 助教带头（演示兔子舞动作）。 3. 教练共同参与。	兔子舞音乐。
15分钟	组内分享（1）：上一周我在学习、生活中的收获是什么？ 要点：组内成员依次分享，当一个人发言的时候，其他人只需倾听并在结尾处给予掌声鼓励。	引发自我觉察；组内成员之间的破冰。	1. 组内成员依次分享，助教、组长带头做发言标杆。 2. 组内成员分享结束后形成共识并推选出分享内容最精彩的成员作为代表到公众面前分享。	一首舒缓的轻音乐；满足学员数量的凳子。
50分钟	团队成员一起撰写自省日记。	引发深层次的自我觉察。	助教带领成员一起撰写自省日记。	一首舒缓的轻音乐。
15分钟	组内分享（2）：今天学习了什么？感受是什么？	归纳总结。	1. 组内成员依次分享。 2. 组内成员形成共识并推选出分享内容最精彩的成员作为代表到公众面前分享。	一首舒缓的轻音乐；满足学员数量的凳子。

1.3 过程展现

××学员的觉察日记

1	近期发生了什么事情让自己困惑或矛盾？	近期总为打游戏的事情与母亲发生争执。
2	我的感受是什么？	委屈、难过、伤心。
3	由此我发现我是……？	我发现我还是有自己的兴趣爱好的，我觉得父母不太理解我。
4	这件事带给我的正面价值和提示是……？（哪怕只有百分之一的价值，那会是什么？）	父母很爱我，也希望我好。
5	接下来，我需要调整自己的是什么？	端正态度，不能对妈妈态度恶劣；可以把自己的真实想法跟妈妈沟通一下，比如我想去从事游戏开发方面的工作等。

1.4 自省日记

1	近期发生了什么事情让自己困惑或矛盾?	
2	我的感受是什么?	
3	由此我发现我是……?	
4	这件事带给我的正面价值和提示是……?(哪怕只有百分之一的价值,那会是什么?)	
5	接下来,我需要调整自己的是什么?	

第三章 自我管理

第四章　解决问题

我们生活在一个充满问题的世界,问题无处不在,时刻都有。一个人能否成功,体现在是否能够面对和解决问题上。而一个看似可以忽略不计的问题常常会导致大灾难,古语有云:千里之堤,溃于蚁穴。丰田元老大野耐一曾说过这样一句话:"没有问题的人,才是问题最大的。"确实,我们与问题紧密相连,我们每一个人都生活在"问题"之中。我们天天都在解决问题。为什么有很多问题我们天天解决,之后又天天发生,似乎我们天天在解决老问题?为什么我们经常在问题发生后才意识到本可以提前避免?为什么他人经常不理解我们提出的问题非常重要?为什么我们经常对问题的产生原因和解决方案难以达成一致意见?为什么我们用于解决问题的方案经常难以执行?为什么有些问题大家看到了就是没人去解决?

在本章中我们安排了如下内容:

- 制定目标——制定目标的原则及方式。
- 打破设限——培养创新思维模式。
- 双轮矩阵——提升工作执行力。
- 5R教练技术——掌握解决问题的方法。

第一节　制定目标——制定目标的原则及方式

初入职场,王小小懵懵懂懂的,不知道自己的目标,跟他一同进公司的小贾说:"我们刚刚工作,先学习学习,其他的事情,以后再想吧。"可王小小内心非常不赞同小贾的观点,但自己也不知道怎么办,这让她很苦恼。于是,她向人力资源的王经理求教,王经理给她讲了一个故事:

曾有人做过一个实验:组织三组人,让他们分别沿着十公里以外的三个村子步行。第一组的人不知道村庄的名字,也不知道路程有多远,只告诉他们跟着向导走就是。刚走了两三公里就有人叫苦,走了一半时有人几乎愤怒了,他们抱怨为什么要走这么远,何时才能走到？有人甚至坐在路边不愿走了,越往后走他们的情绪越低落。

第二组的人知道村庄的名字和路段,但路边没有里程碑,他们只能凭经验估计行程时间和距离。走到一半的时候大多数人就想知道他们已经走了多远,比较有经验的人说："大概走了一半的路程。"于是大家又簇拥着向前走,当走到全程的四分之三时,大家情绪低落,觉得疲惫不堪,而路程似乎还很长,当有人说："快到了!"大家又振作起来加快了步伐。

第三组的人不仅知道村子的名字、路程,而且公路上每一公里就有一块里程碑,人们边走边看里程碑,每缩短一公里大家便有一小阵的快乐。行程中他们用歌声和笑声来消除疲劳,情绪一直很高涨,所以很快就到达了目的地。

◆ 知识目标:
1. 了解目标的含义及意义。
2. 掌握制定目标的方法。

◆ 能力目标:
学会运用 SMART 法则制定短期目标。

1.1 理论知识

1. 目标定义

目标是对活动预期结果的主观设想,是在头脑中形成的一种主观意识形态。以主观意识反映客观现实的程度,可将目标分为必然目标、偶然目标和不可能目标。

若要实现必然目标,必须科学地制定目标。

2. 制定目标的原则及方式

"黄金准则"——SMART 原则。SMART 是英文 5 个单词的第一个字母的组合。好的目标应符合 SMART 原则。

（1）S(Specific)——明确性

明确性是指要用具体的语言清楚地说明要达成的行为标准。明确的目标几乎是所有成功者的一致特点。很多人不能成功的重要原因之一就是因为目标定得模棱两可,或没有将目标有效地传达给相关成员。

例如,某部门制定的目标是要增强客户意识。这种对目标的描述很不明确,因为增强客户意识有许多种具体做法,如减少客户投诉,提升服务的速度,使用规范礼貌的用语,采用规范的服务流程,均是增强客户意识的做法。

有这么多增强客户意识的做法,我们所说的"增强客户意识"到底指哪一块?不明确就没有办法评判、衡量。建议这样修改:我们将在月底前把前台收银的速度提升至正常的标准,这个正常的标准可能是两分钟,也可能是一分钟,或分时段来确定标准。

(2) M(Measurable)——衡量性

衡量性是指目标应该是明确的,而不是模糊的。应该有一组明确的数据,作为衡量是否达成目标的依据。

如果制定的目标没有办法衡量,就无法判断这个目标是否实现。例如,领导有一天问:"这个目标离实现大概有多远?"团队成员的回答是"我们早实现了"。这就是领导和下属对团队目标所产生的一种分歧。原因在于没有给他们一个定量的可以衡量的分析数据。但并不是所有的目标可以衡量,有时也会有例外,如大方向性质的目标就难以衡量。

再如,某企业要为所有的老员工安排进一步的管理培训。这里的"进一步"是一个既不明确也不容易衡量的概念,到底指什么?是不是只要安排了这个培训,不管谁讲,也不管效果好坏都叫"进一步"?

若按照以下说法:在什么时间内完成对所有老员工关于某个主题的培训,并且在这个课程结束后,学员的评分在85分以上,低于85分就认为效果不理想,高于85分就是所期待的结果。这样目标有针对性,变得可以衡量。

(3) A(Acceptable)——可接受性

目标是要能够被执行人所接受的,如果上司利用一些行政手段,一厢情愿地把自己所制定的目标强压给下属,下属典型的反应是表现出心理和行为上的抗拒:我可以接受,但能否完成这个目标,有没有最终的把握,这个可不好说。一旦有一天这个目标真完成不了的时候,下属有一百个理由可以推卸责任,你看我早就说了,这个目标肯定完成不了,但你坚持要压给我。

"控制式"的领导喜欢自己制定目标,然后交给下属去完成,他们不在乎下属的意见和反应,这种做法越来越没有市场。当今员工的知识层次、学历、素质以及他们主张的个性张扬的程度都远远超过从前。因此,领导应该更多地吸纳下属来参与目标制定的过程,即便是团队整体的目标。

(4) R(Realistic)——实际性

目标的实际性是指在现实条件下是否可行、可操作。可能有两种情形,一方面领导乐观地估计了当前形势,低估了达成目标所需要的条件,这些条件包括人力资源、硬件条件、技术条件、系统信息条件、团队环境因素等,以至于下达了一个高于实际能力的指标。另外,可能花了大量的时间、资源,甚至人力成本,最后确定的目标根本没有多大实际意义。

例如,一位餐厅的经理定的目标是——早餐时段的销售额在上月早餐销售额的基础上提升 15%。销售额可能只区区增加几千元,再核算成利润则更少。但为完成这个目标要投入多少?这个投入比起利润可能更高。

这就是一个不太实际的目标,就在于它花了大量的钱,最后还没有收回所投入的资本,它不是一个好目标。

有时考察目标是否实际还需要团队领导衡量。因为有时领导的目的是打败竞争对手,所以尽管获得的利润并不高,但能打败竞争对手这个目标就是实际的。

(5) T(Times)——时限性

时限性是指目标是有时间限制的。例如,我将在 2016 年 10 月 15 日之前完成某事。10 月 15 日就是一个确定的时间限制。没有时间限制的目标没有办法考核,或带来考核的不公。上下级之间对目标轻重缓急的认识程度不同,上司着急,但下属不知道。到头来上司可能暴跳如雷,而下属觉得委屈。这种没有明确的时间限制的方式也会带来考核的不公正,伤害同事间的关系,伤害下属的工作热情。

爱丽丝的路

"请你告诉我,我该走哪条路?"爱丽丝说。

"那要看你想去哪里?"猫说。

"去哪儿无所谓。"爱丽丝说。

"那么走哪条路也就无所谓了。"猫说。

游泳的故事

1952 年 7 月 4 日清晨,加利福尼亚海岸下起了浓雾,一个 43 岁的女人准备从太平洋游向加州海岸。她叫查德威克。

那天早晨,雾很大,海水冻得她身体发麻,她几乎看不到护送自己的船。时间一个小时一个小时的过去,千千万万人在电视上看着。有几次,鲨鱼靠近她了,被人开枪吓跑了。

15 小时之后,她又累又发麻。她知道自己不能再游了,就叫人拉她上船。她的母亲和教练在另一条船上,他们都告诉她海岸很近了,叫她不要放弃。但她朝加州海岸望去,除了浓雾什么也没看不到……

人们拉她上船的地点,离加州海岸只有半英里!后来她说,令她半途而废的不是疲劳,也不是寒冷,而是因为她在浓雾中看不到目标。查德威克小姐一生中就只有这一次没有坚持到底。

1.2 团队训练

用时	流程和内容	目 的	步 骤	物资及场地布置
10分钟	兔子舞。 要点:通过轻松的氛围,让学员释放能量。	暖场;建立亲和感。	1. 准备兔子舞音乐,并调暗灯光。 2. 助教带头(演示兔子舞动作)。 3. 教练共同参与。	兔子舞音乐。
15分钟	组内分享(1):上一周我在学习、生活中的收获是什么? 要点:组内成员依次分享,当一个人发言的时候,其他人只需倾听并在结尾处给予掌声鼓励。	引发自我觉察;组内成员之间的破冰。	1. 组内成员依次分享,助教、组长带头做发言标杆。 2. 组内成员分享结束后形成共识并推选出分享内容最精彩的成员作为代表到公众面前分享。	一首舒缓的轻音乐;满足学员数量的凳子。
15分钟	1. 给每个成员发放问卷(具体见下方)。 2. 主持人宣布规则。 3. 完成答卷(10分钟)。	引发深层次的自我觉察。	助教带领成员一起撰写问卷。	一首舒缓的轻音乐。
35分钟	1. 小组讨论并整合观点(10~15分钟)。 2. 给予每个小组发言人3分钟的汇报时间。 3. 在小组汇报时,引导所有成员找出共同点与不同点,并达成一致。 4. 讨论总结,引导出SMART原则。	总结、归纳。	1. 组内成员依次分享。 2. 组内成员形成共识并推选出分享内容最精彩的成员作为代表到公众面前分享。	一首舒缓的轻音乐;满足学员数量的凳子。
15分钟	为自己写一封英雄信。	设定个人目标。	助教安静陪伴即可。	一首舒缓的轻音乐;满足学员数量的凳子。

规则：

① 每个小组成员有 10 分钟独立思考的时间，回答问题，完成答卷。
② 所有小组进行小组内讨论，所有的人一次都要阐明观点。
③ 在组长和助教的带领下，整合团队意见，并选出发言人，阐述团队观点。

讨论：怎么使得制定的目标具有可行性？怎样落地？

目的：

① 确保团队在首要目标及价值观上达成一致。
② 保证制定目标的方向正确与可行性。

附页课堂问卷：回答下列问题，请独立完成。

一、每个人都有自己的价值观，团队也会体现出自己的组织价值观，请列出三个你认为对我们团队（个人）成功最重要的价值观因素。

二、考虑一下，未来的三个月，对团队（个人）来说什么是最关键的三个任务。

三、请你列举三个能够使我们团队（个人）成功的积极因素或优势。

1.3 过程展现

写给自己的一封英雄信

给亲爱的自己：

第一次以自己的名义给自己写信，仿佛在对着镜子里的自己认真地说话。镜子里的你沉默不语，微微的傻笑，你在笑什么？是高兴还是太紧张了？哈哈，都有吧！

在这个学校已经几个月了，看到你的努力，你的改变，你的自信笑容的绽放！你的生活习惯发生了很大的变化：会洗衣，会拖地，不挑食，花钱不再大手大脚了，还跟着舍友养成了跑步健身的好习惯。

你的语言模式发生了改变：更多的使用"你怎么想，你的建议是什么"，能静下来聆听他人的心声和建议，不知不觉中把人与人之间的距离拉得更近了。

你的个人规划更加明晰了：三年在健雄，把书读好，把专业学好，同时也要培养一两样爱好，三年后先参加工作，边工作边在职学习，既增长了工作经验，又提升了学历。

你的笑容更多、更灿烂了！
你的承受力和抗压力更加强大了！
你和他人的交流多了！
你收到的鼓励和关心多了！
你改变的一切一切，都源于相信的力量、肯定的力量、支持的力量、包容的力量和爱的力量！

祝愿你在今后的生活中,永远铭记:"生命就是用来绽放的!"

×××

2017年3月28日

1.4 自省日记

1	近期发生了什么事情让自己困惑或矛盾?	
2	我的感受是什么?	
3	由此我发现我是……?	
4	这件事带给我的正面价值和提示是……?(哪怕只有百分之一的价值,那会是什么?)	
5	接下来,我需要调整自己的是什么?	

第二节 打破设限——培养创新思维模式

王小小参加了公司人力资源部组织的新入职员工培训,培训的第一天,人力资源部王经理就给大家介绍了以下故事:

美国有一间生产牙膏的公司,产品优良,包装精美,深受广大消费者的喜爱,每年营业额蒸蒸日上。记录显示,前十年每年的营业增长率为10%~20%,令董事部雀跃万分。不过,业绩进入第十一年、第十二年及第十三年时,则停滞下来,每个月维持同样的数字。董事部对此三年业绩表现感到不满,便召开全国经理级高层会议,以商讨对策。会议中,有名年轻经理站起来,对董事部说:"我手中有张纸,纸上提供了一条建议,若要使用我的建议,必须另付我5万元!总裁听了很生气地说:"我每个月都支付你薪水,另有分红、奖励。现在叫你来开会讨论,你还另外要价5万元。是否过分?""总裁先生,请别误会。若我的建议行不通,您可以将它丢弃,一分钱也不必付。"年轻的经理解释说。"好!"总裁接过那张纸后,阅毕,马上签了一张5万元支票给那位年轻经理。

那张纸上只写了一句话:将现有的牙膏开口扩大1mm。总裁马上下令更换新的包装。试想,每天早上,每个消费者多用1mm的牙膏,每天牙膏的消费量将多出多少倍呢?这个决定,使该公司第十四年的营业额增加了32%。

职场智囊:

一个小小的改变,往往会引起意料不到的效果。当我们面对新知识、新事物或新创意时,千万别固步自封,应接受新知识、新事物。也许一个新的创见,能让我们从中获得不少启示,从而改进业绩,改善生活。

◆ 知识目标:
1. 了解思维设限的概念。
2. 掌握打破设限的方法。
3. 掌握创新思维的方法。

◆ 能力目标:
学会运用创新思维的方法解决困惑。

1.1 理论知识

1. 设限

所谓设限,就是设置限额,即设定最大值或最小值。思维一旦有了设限,思考的深度和广度就会被自我限制。德国数学家高斯在上中学的时候,有一次在数学课上打瞌睡,下课铃响了,他惊醒过来,抬头看见黑板上的一道数学题,误以为是当天的家庭作业。回家后,他埋头演算,就是算不出来,但他依然锲而不舍。最终他解出了这道数学题,第二天把它带到了课堂上。老师见了不禁瞠目结舌,原来那本是一道被认为无解的题。高斯惊呼道:天哪,我根本不知道这道题是没有答案的。这是一则有趣的故事,也是活生生的例子,反映了一个我们平常经常忽略的道理:不要给自己罩上"自我设限"的钟罩,否则你会把自己困在里面。

2. 打破设限

我们经常听到身边的人会说出这样的话:

我长的不好看,所以没什么男生喜欢我;

我数学一直不好,这次考试肯定玩完了;

我反应比较慢,这样的比赛我肯定拿不到名次;

我家里很穷,这辈子能买一套房子就不错了。

我们把这些话叫作思维设限。我们可以把上面的这些话分成两部分,即事实和假设,具体见表1-1。

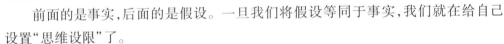

表1-1 思维设限

事　实	假　设
我长的不好看。	所以没什么男生喜欢我。
我数学一直不好。	这次考试肯定玩完了。
我反应比较慢。	这样的比赛肯定拿不到名次。
我家里很穷。	这辈子能买一套房子就不错了。

前面的是事实,后面的是假设。一旦我们将假设等同于事实,我们就在给自己设置"思维设限"了。

若换一种想法,"我长的虽然不好看,但我如果能饱读诗书,谈吐得体,待人诚恳,再假以外在修饰,总会吸引到重内涵的男生的",结果可能就大相径庭。

3. 对思维设限的误解

如何判断自己有没有"思维设限"呢?可以按照如下方法判断:如果这个信念阻挡了我们走向成功快乐的人生,那么这个信念就是思维设限,需要去突破;如果没有,即便这个信念有点不靠谱,也无太大关系。例如,在我怀孕期间,我一直以为生孩子是件快乐的事情,一直期待顺产的那一天。可当我真正生产的时候,那种史无前例的痛不欲生的感觉真的非常可怕,最终没能顺利生产,以剖腹产解决。虽然我对生孩子认为"很简单、很轻松"这一想法进行了设限,但整个孕期我是带着轻松愉悦的期待之心的,这对我的身心健康非常有利。

4. 创新思维

创新思维是指以现有的思维模式提出有别于常规或常人思路的见解为导向,利用现有的知识和物质,在特定的环境中,本着理想化需要或为满足社会需求,而改进或创造新的事物、方法、元素、路径、环境,并能获得一定有益效果的行为。

20世纪50年代美国管理学大师德鲁克第一次将创新引进管理领域,有了管理创新。他认为创新就是赋予资源以新的创造财富能力的行为。现在"创新"两个字扩展到了社会的方方面面,如理论创新、制度创新、经营创新、技术创新、教育创新、分配创新。

对创新有多方面的理解,说别人没说过的话叫创新,做别人没做过的事叫创新,想别人没想的东西叫创新。有些事物之所以被称为创新,就是因为它改善了我们的工作质量,改善了我们的生活质量,还有的提高了我们的工作效率,巩固了我们的竞争地位,有的甚至对我们的经济、社会、技术产生了根本影响。创新不一定非得是全新的东西,旧的产品以新的外包装出现也叫创新。

5. **如何创新**

要创新思维,必须突破障碍。主要容易受三方面的制约:第一,受思维定势的束缚,人容易钻牛角尖,进死胡同,或受慢性思维的影响;第二,盲目迷信权威,不敢向权威挑战;第三,人云亦云,大多数人均有从众心理,不敢也不愿意逆大多数人的意见。

可口可乐的诞生

在美国,最初上市的可口可乐是一种健脑汁,能消除疲乏、振奋精神。作为一种健脑汁,上市后销量一直不大。有一天,一个患头痛的人来到药店内,要求店员当场给他冲配一杯可口可乐。这个店员在冲配时,由于粗心慌张,他没有按规定倒进自来水,而是随手倒入了错拿过来的苏打水。那位头痛病人喝了几口,竟连声高呼:"妙!妙!妙!这味道太妙了!真是妙不可言!"这让潘伯顿意识到,这样的可口可乐将有可能成为一种大受欢迎的饮料。后来,潘伯顿对可口可乐的配方做了一番调整,将它作为一种"芳醇可口、益气提神"的饮料推向市场,并广为宣传。此后可口可乐便在美国逐渐风靡起来。

在这一思维过程中运用了抓住机遇、歪打正着的创新思维方法。可口可乐由健脑药水到提神饮料的转变,并非按预定的目的,有计划有步骤地经过不断探索、试制才得以实现的,而是始于采取了错误的做法,却导致了意外的好效果。这"誉满全球"的可口可乐,是一次机遇中的"歪打正着"的产物。

饭店与厕所

某老板在国道边开了一个饭店,但开业以后非常不景气,眼看着众多车辆急驰而去,却很少有人光顾饭店。他开始思考为什么自己物美价廉的经营却并不能招来顾客呢?后来他换了一个方位和着眼点,在饭店旁建起一个很好的厕所,并做了一个非常醒目的标志。这样,许多司机为了方便而停下车,也同时光顾了饭店。

这是通过拐个弯想到的创新思维方法,这位老板间接地从满足过往司机及同行人员方便的需求,达到增加饭店生意的目的。

1.2 团队训练

用 时	流程和内容	目 的	步 骤	物资及场地布置
10分钟	兔子舞。 要点:通过轻松的氛围,让学员释放能量。	暖场;建立亲和感。	1. 准备兔子舞音乐,并调暗灯光。 2. 助教带头(演示兔子舞动作)。 3. 教练共同参与。	兔子舞音乐。
15分钟	组内分享(1):上一周我在学习、生活中的收获是什么? 要点:组内成员依次分享,当一个人发言的时候,其他人只需倾听并在结尾处给予掌声鼓励。	引发自我觉察;组内成员之间的破冰。	1. 组内成员依次分享,助教、组长带头做发言标杆。 2. 组内成员分享结束后形成共识并推选出分享内容最精彩的成员作为代表到公众面前分享。	一首舒缓的轻音乐;满足学员数量的凳子。
50分钟	1. 主持人展示一张有9个点的图,并提问如何画出经过9个点的四条线段。 2. 给予成员思考时间,请能够做出的学员上台展示。 3. 讨论。 4. 继续提问:能否一笔画出经过9个点的三条线段? 5. 讨论。 6. 继续提问:能否一笔画出经过9个点的一条线段?	打破设限,培养创新模式。	助教带领成员一起思考。	
15分钟	组内分享(2):活动感悟。	归纳总结、自我觉察。	助教安静陪伴即可。	一首舒缓的轻音乐;满足学员数量的凳子。

提问：

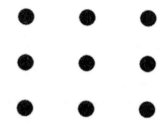

1. 如何一笔画出经过9个点的四条线段？
2. 如何一笔画出经过9个点的三条线段？
3. 如何一笔画出经过9个点的一条线段？

讨论：

1. 是什么阻碍了你的思维？
2. 现实工作中如何能够突破局限？

目的：

1. 打破设限。
2. 培养创新思维模式。

1.3 过程展现

含9点的图片如下：

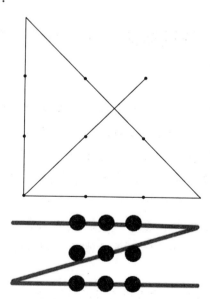

1.4 自省日记

1	近期发生了什么事情让自己困惑或矛盾？	
2	我的感受是什么？	
3	由此我发现我是……？	
4	这件事带给我的正面价值和提示是……？（哪怕只有百分之一的价值，那会是什么？）	
5	接下来，我需要调整自己的是什么？	

第三节　双轮矩阵——提升工作执行力

　　王小小的昔日同学小南和小北同时受雇于一家店铺，并且拿同样的薪水。一段时间以后，小南青云直上，而小北仍原地踏步。小北到老板那儿发牢骚。老板一边耐心地听着他的抱怨，一边在心里盘算着怎样向他解释清楚他和小南之间的差距。老板说："你去集市一趟，看看今天早上有什么卖的东西。"小北从集市上回来向老板汇报说，今早集市上只有一个农民拉了一车土豆在卖。"有多少？"老板问。小北赶快又跑到集市上，然后回来告诉老板说一共有40袋土豆。"价格是多少？"小北第三次跑到集市上问来了价格。"好吧！"老板对他说，"现在请你坐在椅子上别说话，看看别人怎么说。"

　　小南很快就从集市上回来了，向老板汇报说，到现在为止，只有一个农民在卖土豆，一共40袋，价格是多少；土豆质量很不错，他带回来一个让老板看看。这个农民一个钟头以后还会运来几箱西红柿，据他看价格非常公道。昨天他们铺子的西红柿卖得很快，库存已经不多了。他想这么便宜的西红柿老板肯定要买一些的,所以他不仅带回了一个西红柿做样品,而且把那个农民也带来了,他现在正在外面等回话呢。

此时,老板转向小北说:"现在你知道为什么小南的薪水比你高了吧?"

职场智囊:

人世中的许多事,只要想做,都能做到,但执行时能体现差距。员工开始执行时都想把工作做好,也不是不聪明,但往往因为缺少结果思维,导致有苦劳无功劳,而执行要的是功劳!

◆ 知识目标:
1. 了解双轮矩阵的概念。
2. 掌握双轮矩阵的实施步骤。
3. 掌握提升工作执行力的方式。

◆ 能力目标:
学会运用双轮矩阵技术帮助身边的伙伴提升执行力。

1.1 理论知识

1. 双轮矩阵

双轮矩阵是由亚洲大师级教练 Paul Jeong 博士研发出来的企业管理工作中一个常用的教练工具(图4-1)。双轮矩阵可以用于对客户若干次的教练过程的跟进。在聚焦目标的前提下,客户通过对上一时间周期行为的反思,制订下一周期的行动计划。因此双轮矩阵是一个动态的工具。

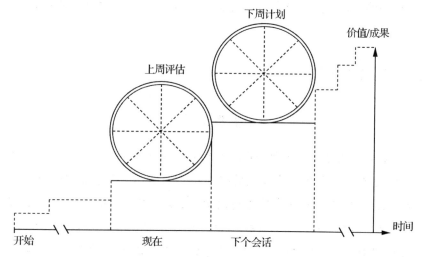

图 4-1

2. 双轮矩阵的实施

问题一:过去一周你的时间和精力都花在哪些事情上?

问题二:你一年之后的目标是什么?

问题三:根据你的目标,对上周所做事情的满意度,你给自己打几分?(满分10分)

问题四:下一周你决定做些什么?

问题五:上面四个问题,能让你对自己有什么样的觉察?

3. 如何提高工作中的执行力

① 首先要正确对待拖延心态,每个人或多或少均有,不必过分在意,以免造成心理压力。一般地,当接手一个任务时,应该马上开始执行任务,这样任务就不会堆积。

② 学会分清事情的主次,对当前不太紧急的任务,可以先完成紧急任务,稍后再处理非紧急任务。

③ 遵守职业操守。答应别人的事情一定要按时完成,工作中勤奋努力,尽职尽责。

执行力是一个人成功的关键,执行力执行得如何,取决于一个人的勇气和信心。

买复印纸的困惑

老板叫一员工去买复印纸。员工买了三张复印纸回来。老板大叫,三张复印纸,怎么够,我至少要三摞。员工第二天就去买了三摞复印纸回来。老板一看,又叫,你怎么买了B5纸,我要的是A4纸。员工过了几天,买了三摞A4的复印纸回来,老板骂道:怎么买了一个星期,才买好?员工回:你又没有说什么时候要。一个买复印纸的小事,员工跑了三趟,老板生气了三次。老板摇头叹道,员工执行力太差了!员工心里想,老板能力欠缺,连个任务都交代不清楚,只会支使下属白忙活!

船夫和哲学家

一位哲学家要乘船到河对岸,划船的船夫虽然年龄已经很大了,却一直在使劲地划船,非常的辛苦。于是哲学家就对船夫说:"老先生,你学过哲学吗?"船夫回答道:"抱歉!先生,我只是一个普普通通的船夫,我没有学过哲学。"哲学家摊开双手说:"那太遗憾了,你失去了50%的生命呀。"过了一会儿,这位哲学家看到老先生如此辛苦,又说:"老先生,你学过数学吗?"那位老船夫就更自卑了,说:"对不起!先生,我没有学过数学。"哲学家接着说:"哎呀!太遗憾了,那你将失去80%的生命呀。"

就在这个时候,突然一个巨浪把船打翻了,两个人同时落入水中,船夫看着哲学家如此费劲地在挣扎,就说:"先生,你学过游泳吗?"哲学家说:"我没有学过游泳。"老船夫无奈地说:"哎呀,那真抱歉,你将失去100%的生命了。"

通过这个故事,我们可以非常清楚地认识到:头脑中的知识与现实生活中的惊涛骇浪是不能画上等号的。只有具有强大的行动能力,才能用自己头脑中的学问去和生活中的惊涛骇浪对抗。现实无情是现今社会人人皆知的事实,在无情的现实中搏击需要强大的行动力,而这种行动力的核心就是强大的执行力,在日常工作中不在于我学了多少,更重要的是我们应用了多少!

1.2 团队训练

用时	流程和内容	目 的	步 骤	物资及场地布置
10分钟	兔子舞。 要点:通过轻松的氛围,让学员释放能量。	暖场;建立亲和感。	1. 准备兔子舞音乐,并调暗灯光。 2. 助教带头(演示兔子舞动作)。 3. 教练共同参与。	兔子舞音乐。
15分钟	组内分享(1):上一周我在学习、生活中的收获是什么? 要点:组内成员依次分享,当一个人发言的时候,其他人只需倾听并在结尾处给予掌声鼓励。	引发自我觉察;组内成员之间的破冰。	1. 组内成员依次分享,助教、组长带头做发言标杆。 2. 组内成员分享结束后形成共识并推选出分享内容最精彩的成员作为代表到公众面前分享。	一首舒缓的轻音乐;满足学员数量的凳子。

续表

用 时	流程和内容	目 的	步 骤	物资及场地布置
50分钟	关于执行力的小游戏:十字大赛车。目标:两个队伍同时进行,一个队伍分为两组,比如A组队员分别列于十字路口的上下端,B组队员分别列于十字路口的左右端,在规则允许的情况下,同一组的两部分队员位置互换。	提高工作执行力。	助教同时参与。	
15分钟	组内分享(2):活动感悟。	归纳总结、自我觉察。	助教安静陪伴即可。	一首舒缓的轻音乐;满足学员数量的凳子。

十字大赛车游戏规则:

① 整个过程只能前进,不能后退。

② 每人每次只能移动一格。

③ 前进的方式只有两种:其一,如果你所在位置的前面一格是空格,可以向前移动一格,比如图中黑色队员可移动到空格位置。其二,如果你所在的位置前面有一个队员,并在这个队员前面还有空格,那么你可以越过这个队员到达空格位置,比如图中白色队员可以移动到空格位置。

④ 项目进行过程中,所有队员不允许说话。

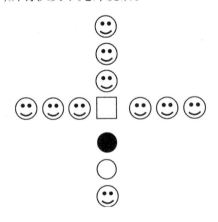

1.3 自省日记

1	近期发生了什么事情让自己困惑或矛盾？	
2	我的感受是什么？	
3	由此我发现我是……？	
4	这件事带给我的正面价值和提示是……？（哪怕只有百分之一的价值，那会是什么？）	
5	接下来，我需要调整自己的是什么？	

第四节　5R 教练技术——掌握解决问题的方法

王小小的朋友小索做网管已三年，但他很不喜欢现在的工作。眼看着第四个年头来临，他考虑跳槽，可父母及女友都认为公司环境不错，收入也高，劝他打消这个念头。小索也认为自己没有其他工作经验，担心跳槽后找不到好工作，在犹豫中浑浑噩噩地打发时间。

事也凑巧，公司数据中心员工小宋离职了，人事经理招聘了几位职员都不合适，小索和部门经理唠叨："也不知道能不能让我试试这活儿，其实原来小宋干的时候我都看着呢，不难！"经理一听，问小索是不是真有这个心思？小索干脆挑明自己不喜欢网管这份工作。刚开始他还担心领导认为他不安心工作，没想到三天后人事经理找他谈话，他被直接调到数据中心学习了。作为公司内部调动，小索获得了一个月的适应期，如果不胜任还能回原岗位。半年后，小索在新岗位上发挥出色，并迅速升至数据中心主管一职。

◆ 知识目标：
1. 了解5R的含义。
2. 掌握解决问题的方法。

◆ 能力目标：
能够帮助他人解决困惑。

1.1 理论知识

1. 相关概念

5R是关系(Relationship)、重新聚焦(Refocus)、现实(Reality)、资源(Resource)、责任(Responsibility)5个单词的首字母的缩写。它是由Paul Jeong博士提出的,现已成为企业教练领域使用最广泛的模型之一。

Refocus:目标是什么(长期/短期)？即聚焦目标。教练要能迅速地从被指导者的现状中听到背后的需求和目标,如果听不出来也要通过提问来确定目标。只有明确了方向才能知道从哪里出发,到哪里去。否则就会仅仅局限在讨论现状,更容易倾向于抱怨问题。确认理想目标后,再将理想目标转化为符合SMART原则的绩效目标,这种方式形成的目标不仅令人鼓舞而且可操作性强。

Reality:实现这个目标有什么困难？即了解现状。在聚焦目标后,我们需要了解当前与目标相关的状况。如果在了解现状的时候发现情况与当初的设想有出入,可对目标进行调整。在了解现状阶段,问题通常采用4W1H方式(即what什么、when何时、where何地、who谁、how many多少)询问,这些问题引出的都是关于事实的描述,有助于下一步的分析和判断。需要注意的是:① 在这一阶段,尽量不要问"为什么"的问题,这个问题很容易引起对方的防御反应。用"是什么"来替代,能够更容易帮助被指导者分析原因。② 教练不需要了解所有的情况,只需要确认被指导者清楚自己的现状即可。

Relationship:为什么重要？即目标与自己的关系。

Resource:有哪些资源可以用来帮助自己实现目标？即探索行动方案。

Responsibility:如何承诺？即根据行动计划落实具体责任。

Paul Jeong 博士的 5R 教练模型中(图 4-2),Refocus(重新聚焦)、Reality(现实)和 Relationship(关系)是三种激发,这三种激发能促使当事人产生觉察,而根据戈尔曼的情商理论,觉察是改变的主要原因(占 93%)。

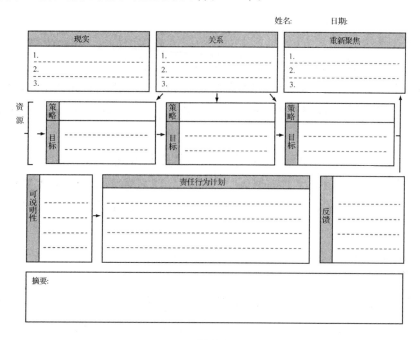

图 4-2

2. 关于"三种激发"

(1) Refocus(重新聚焦)

Refocus(重新聚焦)包括对长远目标(愿景)的重新聚焦和近期行动的聚焦。

① 长远目标。

大部分人缺乏对长远目标(五年或以上)清晰的思考或定义,当教练通过提问把焦点放在长远目标上时,当事人会从内在去探寻价值观、意义等,对当事人产生很大的激励作用。"奇迹问题"和"成功画面"等提问技术可以帮助当事人去思考长远目标。

② 近期目标。

长远目标不会自动实现,除非当事人开始有行动,因此教练可以通过提问来促使当事人马上行动,确定近期行动目标。常用的工具有"双轮矩阵"、PE-SMART 结果框架等。

(2) Reality(现实)

① 困难。

大部分人会因困难所造成的"痛苦"而有所改变,通过此类问题可以激发当事人改变的意愿。痛苦通常是由当事人的"卓越"(价值观)带来的,当当事人觉察到这一点时,就会改变自己。

② 过去的无效做法。

人们来寻求教练之前，一定做过一些事情，这些事情大部分是没有效果的（要不然就不会来找教练了），因此通过对无效做法的觉察，当事人可以避免继续重复旧的无效行为。

③ 他人的观点。

当事人很容易陷入自己的世界中，因此习惯于用自己的视角（信念、价值观的投射）去看待事物，当教练提问"别人怎么看"这样的问题，会让当事人跳出自己的视角，获得新的体验和觉察。这其实是一种3F倾听，让当事人去倾听他人的感受和意图。

④ 当事人的信念。

信念是当事人相信的事情，因此信念不一定是事实，很多时候只是当事人所编造的"故事"。教练可以通过对当事人信念的挑战让当事人放弃旧的无效信念而建立起新信念。NLP有大量此类技术，如鉴定语言模式、提示语言模式、卡迪尔坐标、换框法等。

（3）Relationship（关系）

① 当事人与教练的关系。

当事人被倾听、支持、鼓励、问责时，他更容易发生改变，这要求教练需要保持教练状态，与当事人建立亲和、信任的教练关系。相关的教练工具有SEA、3F倾听等。

② 当事人与自己的关系。

包括核心价值观、目的价值观。核心价值观是当事人想要的价值，目的价值观是当事人想要为他人提供的价值。Paul的CPCP（国际教练认证课程）提供了这两种价值观的探寻工具。

③ 当事人与世界的关系。

包括理解层次中的身份、系统。

④ 当事人与自己身体的关系。

即情绪与感受，情绪是身体上的一种感受，引发原因通常是与当事人冲突的信念、价值观。因此情绪是一种非常可靠的信号，是对当事人的一个真实的提醒。

空 盒 子

联合利华引进了一条香皂包装生产线，结果发现这条生产线有个缺陷：常常发现有小部分盒子未装入香皂。总不能把空盒子卖给顾客啊，联合利华聘请一位自动化专业博士后设计一个方案来分拣空的香皂盒。博士后组织了一个由十几人组成的科研攻关小组，综合采用了机械、微电子、自动化、X 射线探测等技术，花费几十万元成功解决了问题。每当生产线上有空香皂盒通过，两旁的探测器会检测到，并且驱动一只机械手把空皂盒推走。

中国南方有一乡镇企业也购买了同样的生产线，老板发现这个问题后大为发火，找了一位工人，要求工人解决该问题，否则解聘他，工人很快想出了办法：他花了几百块钱购买了一台大功率电风扇，对着生产线猛吹，空皂盒都被吹走了。

石油大亨——洛克菲勒的故事

多年前，美国兴起石油开采热。一位雄心勃勃的小伙子也来到了采油区。开始他只找到了一份简单枯燥的工作，他觉得很不平衡：我那么有创造性，怎么只做这样的工作？于是便去找主管要求换工作。

没有料到，主管听完他的话，只冷冷地回答了一句："你要么好好干，要么另谋出路。"

那一瞬间，他涨红了脸，真想立即辞职不干了，但考虑到一时半会儿也找不到更好的工作，只好忍气吞声又回到了原来的工作岗位。

回来以后，他突然有了一个感觉：我不是有创造性吗？那么为何不能就在这平凡的岗位上做起来呢？

于是，他对自己的那份工作进行了细致的研究，发现其中的一道工序每次都要花 39 滴油，而实际上只需要 38 滴油就足够了。经过反复的试验，他发明了一种只需 38 滴油就可使用的机器，并将这一发明推荐给了公司。可别小看这 1 滴油，它给公司节省了成千上万的成本！

你知道这位年轻人是谁吗？他就是洛克菲勒，美国最有名的石油大王。

1.2 团队训练

用时	流程和内容	目　的	步　骤	物资及场地布置
10 分钟	兔子舞。 要点：通过轻松的氛围，让学员释放能量。	暖场；建立亲和感。	1. 准备兔子舞音乐，并调暗灯光。 2. 助教带头（演示兔子舞动作）。 3. 教练共同参与。	兔子舞音乐。

续表

用时	流程和内容	目 的	步 骤	物资及场地布置
15分钟	组内分享：上一周我在学习、生活中的收获是什么？ 要点：组内成员依次分享，当一个人发言的时候，其他人只需倾听并在结尾处给予掌声鼓励。	引发自我觉察；组内成员之间的破冰。	1. 组内成员依次分享，助教、组长带头做发言标杆。 2. 组内成员分享结束后形成共识并推选出分享内容最精彩的成员作为代表到公众面前分享。	一首舒缓的轻音乐；满足学员数量的凳子。
65分钟	组内5R教练问答练习。	掌握解决问题的办法。	助教安静陪伴即可。	满足学员数量的凳子。

5R教练问答示范：

5R模型	示 例	目 的
Relationship（关系）	建立亲和关系的问候，比如：最近身体怎么样？还好么？ 上次谈话后所承诺的行动做到了哪些或者有哪些开心的事情值得庆祝？有哪些收获？ 遇到了什么新的困难呢？	简单谈论对方关心的事情，检查上次承诺的行动。 建立平等尊重、互助互信的关系。
Refocus（聚焦）	今天你想谈什么主题，你希望能够达成什么样的成果？ 如果还有第二个主题的话，是什么？想要的成果是什么？ 哪一个是最想要的？为什么？ 如果这个成果实现了？会有什么样的影响？哪些人会收益？	共识目标、远景展望、聚集能量、梳理成果。
Reality（现状）	要实现这个成果，现实的状况是什么？有哪些困难？ 有什么事你不太想面对？ 如果这种状态一直持续会带来什么影响？ 妨碍成果达成的因素是什么？关键在哪里？ 为了达成想要的成果，需要改变什么？	理清逻辑、呈现因果、发现关键、找到突破点。
Resources（资源）	为了达到目标需要哪些资源帮助？还有哪些？如何找到？ 第一步要做什么？ 怎么样发挥你的长处和卓越？ 更为关键的资源或者行动是什么？	探索可能、计划雏形、寻找资源、确定可行。
Responsibility（责任）	通过上面的对话你收获了什么？归纳成最有价值的三点是什么？ 通过总结的价值，下一周想采取什么行动？ 什么时候实行行动计划？ 为了实行此计划需要放弃的和重新开始的是什么？ 你会向谁确认你实施了这个计划？	过程管理、关注细节、严格督导、应对变化。

5R 教练模型如图 4-3 所示。

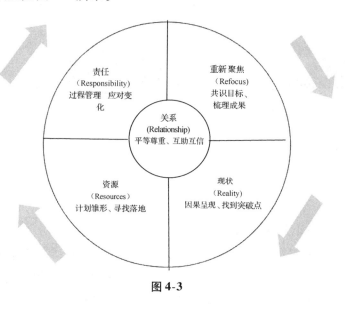

图 4-3

1.3 自省日记

1	近期发生了什么事情让自己困惑或矛盾？	
2	我的感受是什么？	
3	由此我发现我是……？	
4	这件事带给我的正面价值和提示是……？（哪怕只有百分之一的价值，那会是什么？）	
5	接下来，我需要调整自己的是什么？	

第五章　成就自我

在这个世界上,有些人一生顺利、飞黄腾达、事业有成,而有些人坎坷一生、碌碌无为、一事无成,为什么有如此大的差异?原因在于那些昏昏度日的人没有真正认识自己、努力实现自己的目标。要知道,人生最大的悲剧莫过于没有认清自我,没有去发现、发挥和利用自己的优势并积极做出改变,从而过上理想中的生活。如何吸收当代心理学的研究成果,以实用技巧为基点,从生理和精神上让自己更健康?如何挖掘自己的潜能,提高自己的竞争力?如何塑造自己的人格魅力,扩大自己的影响力?如何增强自己的适应能力,适应社会的生存法则?如何建立良好的人际关系,达到合作双赢?如何控制自己的情绪,保持平和的心境?如何不断进行自我更新,努力达到更高境界?等等。不管你现在的状况是什么样的,只要你想改变,就能通过实践这些自我认识和自我提升的方法,做自己的成功教练,实现自我价值,成就一生的梦想,过上你真正想要的生活。

在本章中我们安排了如下内容:

- 归来的沙克尔顿——培养卓越领导力。
- 学会演讲——把握演讲内容及控制过程。
- 成就自己——提炼核心价值观。
- 学习高效团队会议模式——促进合作与提升凝聚力。

第一节　归来的沙克尔顿——培养卓越领导力

经理今天找小小谈了一次话。公司通过近两年的考察,已经确定把小小列为公司的后备干部,也就意味着小小在不久的将来会有机会担任某个部分的主管职位。听到这个消息,小小既激动又紧张。那么要成为一名优秀的领导者,需要什么样的能力素质呢?

◆ **知识目标：**
　1. 了解领导力的含义。
　2. 了解领导力的五个层次。
　3. 掌握培养领导力的方法。

◆ **能力目标：**
　能够分析自身领导力的优劣势。

1.1 理论知识

1. 什么是领导力？

通俗地说，领导力（Leadership）是指在管辖范围内充分利用人力和客观条件以最小的成本办成所需的事。具有卓越领导力的典型代表人物是英国南极探险家沙克尔顿。

2. 领导力的五个层次

领导力的五个层次见下图。

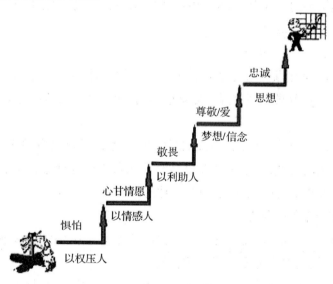

（1）第一层次：职位带来的硬权力

职位带来的硬权力是指领导者的权威来自于其在组织内部的头衔和角色所赋予的硬权力，这个层次的领导力具有以下特征：

◆ 通常是由于指派而获得；
◆ 影响力不会超过领导者的正式权威；

◆ 处于这个层次的领导者一般较难与志愿者、白领以及年轻人一起合作。

尽管这个层次属于相对较低的水平,但是并不意味着职位所带来的硬权力就不重要了。实际上,这个层次是一个人领导力所必须经历的阶段。例如,母亲爱孩子,但是父亲的话往往比母亲的话要管用10倍;作为官吏并不一定都爱护自己的下属,但作为下属的父亲、母亲而言,其言语所能够得到贯彻的执行力则要强大1万倍,这都是硬权力在起作用的最好的说明。

(2) 第二层次:认同许可

由职位所带来的硬权力是存在局限性的,所以,在仅仅依靠硬权力无法收到良好管理和领导效果的时候,就应该通过第二个层次的领导力——认同许可来发挥作用。所谓"认同许可",是指被领导者自身允许领导者来对其进行管理,也就是一种人们在没有义务的时候仍然为领导者做事的状态。

例如,在严惩私设小金库的案例中,柳传志按照法律程序对某领导者进行严惩之后,就施展其第二个层次的领导力来竭尽全力为其争取减刑,使得犯错误的人在刑满之后,还能够自觉回到公司向柳传志表示感谢,并还愿意继续为其进行工作。

(3) 第三层次:生产成果

通过比较可以发现,刘备的领导力处在第二个层次,他能够吸引别人为其效忠服务;而诸葛亮的领导力则达到了第三个层次,他通过对最终胜局的把握而给予了其下属接受其领导的巨大动力,他能够引领下属从一个胜利走向另一个胜利,因此使得下属对其充满了敬畏。

(4) 第四层次:人才培养

"人才培养"是指领导力还体现在对周围领导人才的培养方面。从领导的要求看,刘邦和项羽,后者只能够称得上是英雄,而前者则是名副其实的领导者。

(5) 第五层次:众望所归

这个层次的领导能够形成一套思想体系,并得到下属完全的接受和配合,这样下属会产生无限的忠诚,甚至不惜以自己的生命来维护这种忠诚。能够达到这个领导力层次的人很少,毛泽东、沙克尔顿、甘地等人可以位列其中。

3. 如何培养卓越领导力

有人说领导的才能,就是让能力比你强的人心服口服地为你做事。虽然说得有些夸张,但足以说明领导力是一门非常有艺术的学问。

① 首先一个领导需要有目标感,他内心要有一个明确的目标和前进的方向。目标感可以感召身边的人围绕着一个明确的方向做事情,而不会像无头苍蝇一样茫然。

② 一个领导应当善于运用激励,无论是物质的奖励还是口头表扬,都是非常有效的方式。每个人都会在适当的赞扬里汲取力量。

③ 领导应该关心下属、了解下属。关心可以让下属和你的关系更加和谐,了解下属,知人善任之外,还可以对公司运营更加了解。

④ 公司应该维持在一个高效的氛围之中,一部分靠保持平衡,一部分靠团结。所以公司应该明确纪律,并且上下执行。

⑤ 领导要尊重下属。对于值得倚重的下属,更应该尊重和信赖。

⑥ 领导在保持宽以待人的同时,必须留意团队状态。清理害群之马,让团队维持在一个高效氛围之中。

⑦ 领导应该善用别人的智慧,既要会识人,同时也应该及时调整自己,听取有利信息。

⑧ 领导是一个决策者,所以要有决策者的眼光和魄力,同时要有决策者的责任意识。

奥巴马的领导力

美国前任总统奥巴马在2008年是全世界Google检索里面曝光率、点击率最高的一个词,然而看看他的简历:奥巴马1961年出生,是肯尼亚黑人和美国一个普通白人女子的后代。他父亲在生下他不久就从夏威夷去哈佛求学并再也没有回来,他母亲带着他在印尼生活了几年,度过了他的儿童时期。如同大多数人一样,懵懵懂懂甚至有些玩世不恭的奥巴马度过了自己的大学时光。直至踏入社会,他才觉醒要做点事情。他开始到社区做类似中国的街道办主任。这个社区只是一个很小的黑人社区。后来又到律师事务所工作,并奋发读书,30岁即拿到哈佛博士学位。从30岁开始他一路击败了众多的竞争对手,从州议员到党内总统提名再到共和党、民主党两党的竞争,终于在47岁成了美国第44任总统。

这样一个要钱没钱、要背景没背景的人,究竟凭借什么走上这样的成功之路的呢?

在奥巴马参加社区工作的时候,即训练自己的领导力,他能够振臂一挥便得到云集的响应者,他所获得的大部分募捐资金都是通过互联网得来的。领导力是决胜未来的主要力量。

神偷请战

用人之道,最重要的,是要善于发现、发掘、发挥下属的一技之长。用人得当,事半功倍。楚将子发爱结交有一技之长的人,并把他们招揽到麾下。有个其貌不扬、号称"神偷"的人,也被子发待为上宾。

有一次,齐国进犯楚国,子发率军迎敌。交战三次,楚军三次败北。子发旗下不乏智谋之士、勇悍之将,但在强大的齐军面前无计可施。这时神偷请战,在夜幕的掩护下,他将齐军主帅的睡帐偷了回来。第二天,子发派使者将睡帐送还给齐军主帅,并对他说:"我们出去打柴的士兵捡到您的睡帐,特地赶来奉还。"当天晚上,神偷又去将齐军主帅的枕头偷来,再由子发派人送还。第三天晚上,神偷连齐军主帅头上的发簪子都偷来了,子发照样派人送还。齐军上下听说此事,甚为恐惧,主帅惊骇地对幕僚们说:"如果再不撤退,恐怕子发要派人来取我的人头了。"于是,齐军不战而退。

人不可能每一方面都出色,也不可能每一方面都逊色,每个人均有一技之长。领导者要能很清楚地了解每个下属的优缺点,千万不能夹杂个人喜好,也许你今天看不起的某个人,他日正是你事业转机的干将。

1.2 团队训练

用时	流程和内容	目的	步骤	物资及场景布置
10分钟	观看《归来的沙克尔顿》视频。	优秀团队展示。	在观看视频之前提出思考:卓越的领导需要什么样的品质与能力?	《归来的沙克尔顿》视频。
10分钟	团队讨论:卓越的领导需要什么样的品质与能力?	团队聚焦,达成共识。	分组讨论。	
20分钟	团队分享。	聚集共识:优秀的领导力应该包括以身作则、启发愿景、挑战现状、激励人心、使人行动等品质和能力。		
20分钟	视频展示:"马丁路德金:我有一个梦想。"愿景的三个要素: 1.要有画面感。 2.要和追随者有联系。 3.要有落地的行动连接。	如何启发愿景。	训练:我的愿景演说。	话筒设备。

续表

用时	流程和内容	目 的	步 骤	物资及场景布置
15分钟	挑战现状需要从小小成功中获得持久动力,从而获得巨大成功。 举例:减肥健身。	如何拥有挑战现状的能力?	训练:我的挑战现状计划书。	白板笔、白板、大白纸等。
15分钟	使众人行的五项关键行为: 1. 发现并赞美对方的优点。 2. 做一个良好的倾听者。 3. 识别关键问题。 4. 增强他人的意愿和能力。 5. 获得承诺。	如何使众人行、激励人心?	训练:倾听能力训练,教练技术,如何通过建立信任和增进关系来促进合作?	

1.3 自省日记

1	近期发生了什么事情让自己困惑或矛盾?	
2	我的感受是什么?	
3	由此我发现我是……?	
4	这件事带给我的正面价值和提示是……?(哪怕只有百分之一的价值,那会是什么?)	
5	接下来,我需要调整自己的是什么?	

第二节　学会演讲——把握演讲内容及控制过程

小小最近烦心事多,但是出彩的机会也不少,这不,自从上次做了一回主持人,几乎成为公司的小名人,同事都夸她主持得好,领导对她刮目相看,部门经理则让她去总公司汇报部门年度工作。要当着全公司的人做一个演讲,这又是一个新的挑战。

◆ **知识目标:**
1. 了解演讲的概念。
2. 了解演讲的主要形式。
3. 掌握提升演讲水平的方法。

◆ **能力目标:**
能够在公开场合进行即兴演讲。

1.1　理论知识

1. 演讲的概念

演讲又叫讲演或演说,是指在公众场所,以有声语言为主要手段,以体态语言为辅助手段,针对某个具体问题,鲜明、完整地发表自己的见解和主张,阐明事理或抒发情感,进行宣传鼓动的一种语言交际活动。演讲是一门语言的艺术,它旨在调动起听众情绪,并引起听众的共鸣,从而传达出你所要传达的思想、观点及感悟。

2. 演讲的好处

第一,促进自己快速成才。

第二,激励自己多做贡献。

第三,融洽自己的人际关系。

3. 如何提升演讲水平

演讲的主要表现手段有:有声语言、态势语言和主体形象。

有声语言,是演讲活动最重要的物质表达手段,是信息传递的主要载体。

态势语言,即演讲者的姿态、动作、手势、表情等,它是流动的形体动作,辅助有声语言运载着思想和感情,诉诸听众的视觉器官,产生效应。

主体形象,即演讲者是以其自身出现在听众面前进行演讲的。因此,它就必然以整体形象,包括体型、仪容仪表、举止神态等直接诉诸听众的视觉器官。

4. 演讲的主要形式

演讲的形式主要有如下四种:照读式演讲、背诵式演讲、提纲式演讲,即兴式演讲。

(1) 照读式演讲

照读式演讲也称读稿式演讲。演讲者拿着事先写好的演讲稿,走上讲台,逐字逐句地向听众宣读一遍。其内容经过慎重考虑,语言经过反复推敲,结构经过精心安排,话讲得郑重。它比较适合于在重要而严肃的场合运用。如各级党代会、人代会、政协会议等大会报告,纪念重大节日的领导人讲话,外交部的声明等。它的缺点是照本宣科,影响演讲者与听众之间的思想感情交流。据说,在英国下院,照本宣读演讲被认为是愚蠢的表现。在我国,一般场合采用这种演讲方式也不受听众欢迎。

(2) 背诵式演讲

背诵式演讲也称脱稿演讲。演讲者事先写好演讲稿,反复照背,背熟后上讲台,脱稿向听众演讲。这种演讲方式比较适合于演讲比赛和初学演讲者,可以在一定程度上检验和培养演讲者的演讲能力。其缺点是不便于演讲者临场发挥,使听众觉得矫揉造作,一旦忘词,就难以继续,往往要当场出丑。据说,英国首相丘吉尔曾有一次因背不出讲稿而栽倒在讲台上。所以,运用这种演讲方式,必须做好充分准备,语言尽量口语化,表达自然,切忌有表演的痕迹。

(3) 提纲式演讲

提纲式演讲也称提示式演讲。演讲者只把演讲的主要内容和层次结构按照提纲形式写出来,借助它进行演讲,而不必一字一句写成演讲稿,其特点是能避免照读式演讲和背诵式演讲与听众思想感情缺乏交流的不足。演讲者根据几条原则性的提纲进行演讲,比较灵活,便于临场发挥,真实感强,又具有照读式演讲和背诵式演讲的长处,事先对演讲的内容有充分准备,可以有一定的时间收集材料,考虑演讲要点和论证方法,但不要求写出全文,而是提纲挈领地把整个演讲的主要观点、论据、结构层次等用简练的句子排列出来,作为演讲时的提示,靠它开启思路。它是初学演讲者进一步提高演讲水平的行之有效的一种演讲方式。

(4) 即兴式演讲

演讲者预先没有充分准备而临场生情动意所发表的演讲。它是一种难度最大、要求最高、效果最佳的演讲方式。可以根据实际情况,针对听众的心理和需要,灵活机动,迅速调动语言的一切积极因素,以悬河之口当场演讲,其强烈的感染力,是其他各种演讲方式都无法比拟的。使用这种演讲方式需要演讲者具有德、才、学、识、胆诸方面很高的修养,具有很强的记忆力、丰富的想象力和联想力、敏捷的思维能力、大量的语言和材料储备……如果不具备这些条件,即使使用这种演讲方式,也不会取得理想的演讲效果。相反,往往还会出现信口开河、漫无边际、逻辑混乱、漏洞百出的现象,反倒影响了演讲的效果。尽管如此,每个演讲者必须争取掌握这种演讲方式。只要下苦功,肯定会掌握即兴式演讲的精髓。

两位领导人的演讲

丘吉尔是二战中抵抗德国法西斯的一个重要人物。他在一次著名的演讲中说道:"我们不要说这是黑暗的日子,要说这是严峻的日子,这不是黑暗的日子,而是伟大的日子,是我们国家曾有过的最伟大的日子,我们必须感谢上帝,允许我们在各自的岗位上,参与了这些名留青史的过程。"这就是一个领导人发挥的作用。

2008年全球金融海啸到来时,温总理曾说过这样一句话:信心比黄金还宝贵,我们现在有能力、有信心,通过政府、通过民间的力量,通过政府的投资拉动,能够在这样一个经济环境中,我们能够继续前进,继续发展,持续发展。

丘吉尔演说的启示

温斯顿·丘吉尔,英国前首相,领导英国取得了第二次世界大战的胜利,是二十世纪中全球最重要的政治领袖之一。2002年,被英国BBC评选为"有史以来最伟大的英国人"。

丘吉尔不仅是一位杰出的政治家,也是一位出色的演说家。面对山呼海啸一般的掌声,丘吉尔的演说,就是掠过风雨的惊雷、穿透黑夜的闪电,思想深邃,气势非凡,集聚了英国民众的智慧与力量、道德与情感。

丘吉尔的政治生涯中,做过无数次精彩绝伦的演讲。今天的人们,用平常的笔墨无法传神地描述当年演讲者的气质与风采以及演讲场面的壮阔与轰动。在战争阴云密布、面对法西斯的毁灭性进攻时,丘吉尔向英国也向全世界做了二战时期极为著名的战争动员演讲:"我们将战斗到底。我们将在法国作战,我们将在海洋中作战,我们将以越来越大的信心和越来越强的力量在空中作战,我们将不惜一切代价保卫本土,我们将在海滩作战,我们将在敌人的登陆点作战,我们将在田野和街头作战,我们将在山区作战。我们绝不投降!"钢铁般的声音,坚定地展示了一个领袖人物的钢铁意志。

作为一个战争英雄,虽然在战后失去了首相的职务,然而面对政治的落寞和失意,丘吉尔极有尊严地用古希腊作家普鲁塔克的一句名言告别了政坛:"对他们的伟大人物忘恩负义,是伟大民族的标志。"简短的语言,让人肃然起敬,这样的思想与情怀,一般的人又如何能理解?

丘吉尔在牛津大学演讲,则又是另外一种风采。这种风采不仅震撼了牛津,也震撼了多少不同国籍的后人。1948年,他应邀在该大学做一个主题为"成功秘诀"的专题讲座,面对充满期望的牛津学子和全世界各大新闻媒体,丘吉尔做了一个极为简短却寓意深刻的演讲,不妨全文摘录:"我的成功秘诀有三个:第一是,决不放弃;第二是,决不、决不放弃;第三是,决不、决不、决不放弃!我的演讲结束了。"会场一片凝重,丘吉尔以最简洁的语言、最执着的意志,揭示了最深刻的人生哲理。听众在沉寂了足足一分钟后,对着已经没有演讲者的讲台,爆发出如雷鸣般的掌声。从演讲者来说,这就是最高的奖赏。人若能畅快淋漓地表达自己的思想与感情,且你的思想与感情得到成千上万人的呼应与融合,这该是何等的痛快与荣耀。丘吉尔的一生,可谓波澜壮阔,在两次世界大战中叱咤风云,出生入死,是战争中的传奇英雄,又是享有世界级声誉的政治家,还是伟大的演说家。

1.2 团队训练

用 时	流程和内容	目 的	步 骤	物资及场景布置
10分钟	组内分享:上一周我在学习、生活中的收获是什么? 要点:组内成员依次分享,当一个人发言的时候,其他人只需倾听并在结尾处给予掌声鼓励。	引发自我觉察;组内成员之间的破冰。	1. 组内成员依次分享,助教、组长带头做发言标杆。 2. 组内成员分享结束后形成共识并推选出分享内容最精彩的成员作为代表到公众面前分享。	一首舒缓的轻音乐;满足学员数量的凳子。
10分钟	妻子的购物清单:牛奶、葡萄、土豆、鸡蛋、苹果、酸奶、胡萝卜、橘子、茄子。	训练逻辑化思维(如何将无序的内容分成几类,并突出重点)。	如何记忆这样的9件物品,可以将它们分类:蛋奶产品、水果、蔬菜。	
10分钟	同理心原则训练。 案例:一般我们是如何写简历的。	如何用听众习惯的方式说听众想听的话(对比用自己喜欢的方式说自己想说的话与同理心原则下的演讲有何不同)。	望:交通工具、服装、衣着、神态。 闻:与同行者交谈内容。 问:了解客户需求。 切:把脉,形成总体判断。	

续表

用时	流程和内容	目的	步骤	物资及场景布置
20分钟	演讲总原则:简单。 1. 讲三个观点。 2. 举三个例子。 3. 讲三个故事。	让演讲清晰、简洁、有力。	训练:请就以下中心讲三个观点: 1. 今年本岗位的三个工作重点是什么? 2. 如何保证企业管理达到良好效果? 3. 一名优秀的岗位工作者具备什么样的素质?	
30分钟	演讲的过程控制:开场方式。 1. 激发兴趣:提出问题,制造悬念,讲述故事。 2. 拉近距离:风趣幽默、表达赞美、类似背景。 3. 赢得资格:自我塑造、表达感谢、引用名人。	塑造演讲价值,提升演讲者魅力。	开场白: 1. 大家好 2. 很高兴认识…… 3. 我的名字叫…… 4. 我现在是…… 5. 过去曾经…… 6. 未来的理想是……	
10分钟	结尾方式: 1. 回顾总结:听者分享,讲者总结。 2. 鼓励行动:布置作业,鼓励督促。 3. 祝福感谢:表达感谢,致以祝福。	塑造演讲价值,提升演讲者魅力。	训练: 结尾:感恩、欢呼、祝福。 例子:感谢大家1个小时的陪伴,希望我所讲的内容能给大家带来帮助,祝福在座的各位学员身体健康、阖家幸福!	

1.3 自省日记

1	近期发生了什么事情让自己困惑或矛盾?	
2	我的感受是什么?	

续表

3	由此我发现我是……？	
4	这件事带给我的正面价值和提示是……？（哪怕只有百分之一的价值，那会是什么？）	
5	接下来，我需要调整自己的是什么？	

第三节　成就自己——提炼核心价值观

小小到公司上班已有两年多时间了，她从一名刚开始的菜鸟，慢慢地成长为一名职场精英，公司正考虑给她晋升。人事部的 ANNE 已经私下和她说过了，可能有两个职位会让她考虑，一个是市场部的主管，还有一个是行政部的主管。小小有些迷茫，自己到底适合哪个岗位呢？未来自己在哪个岗位上会做得更得心应手呢？小小要重新审视一下自己了！

◆ 知识目标：
  1. 了解核心价值观的内涵与作用。
  2. 掌握提升个人核心价值观的方法。

◆ 能力目标：
  能够正确提炼自己的核心价值观。

1.1　理论知识

1. 什么是个人核心价值观

个人核心价值观就是指个人在工作、生活过程中让自己信奉的信条和理念。个人核心价值观是个人的重要组成部分,它是解决个人在生活、工作、发展过程中如何处理内外矛盾的一系列准则,表明个人如何生存的主张和对待生活的态度。它是一个人内在和持久的一整套原则。个人核心价值观深深根植于个人内心。它们没有时限地引领个人进行一切工作,它是生活的指导性原则,在某种程度上,它的重要性甚至超越个人的长远目标。

2. 个人核心价值观的作用

能长久享受成功的人,一定拥有能够不断地适应世界变化的能力;能长久享受成功的人,一定拥有能够不断地适应世界变化的个人核心价值观。个人核心价值观,是对好坏、善恶、美丑、成败、贵贱、贫富、是非、对错的一种基本价值信仰;是对优与劣、进取与保守、拼搏与稳定、短期与长期进行选择的一种价值准则;是提倡什么、反对什么、弘扬什么、抑制什么、遵循什么的一种价值态度。这些问题是个人工作、生活过程中始终要面临的问题,谁也不能回避,谁也不能含糊,因此它是个人的基本问题。能否适应、认同个人核心价值观是个人能否高效工作、快速成长的重要因素。管理学中提到:认同自己的个人核心价值观,又很有成绩,这种人一路飚升;认同自己的核心价值观,但能力不足,可以有好的发展;不认同自己的核心价值观,又没成绩,这种人很可能堕落。

总而言之,个人核心价值观是个人生活、工作、发展的精神路线,是一个人成长的精神支柱,是一个人的生活、工作总体原则,每个人都要依据个人核心价值观来规范自己的行为,指导自己的工作。

3. 如何提炼核心价值观

企业的核心价值观回答的是:企业怎么干? 它是整个企业文化的核心。它是指企业必须拥有的最终极信念,是企业哲学中起决定性作用的重要组成部分,它是解决企业在发展过程中如何处理内外部矛盾的一系列根本准则,比如企业对市场、对客户、对员工等的基本看法或态度,它影响与表明企业如何生存的立场。

(1)核心价值观是企业对事物的重要性排序(判断)

企业的核心价值观其实就是企业对事物的一种重要性排序,这与人的价值观是一样的,当你面临抉择的时候,你选择什么。对同样的机会,不同的企业关注的重点不同,采取的态度和策略都会不同。企业选择的就是他认为最重要的,这个重要性排序甚至会影响到企业的战略抉择。你认为诚信最重要,他觉得勤奋最关键;你的企业成功是因为有种永不言败的韧劲,他的公司做大可能更多的靠技术,所有这些都是企业自己的判断。

所有这些判断并没有对错之别,关键是它要与当时的环境匹配,这个环境包括两种:一个是企业的内部小环境,包括企业家的做事风格、员工的构成结构、职业化程度、公司的发展阶段等;另一个是外部大环境,包括世界经济走势、国家经济增速情况、行业的发展速度、当地政府的政策等大环境。不同公司对如此多样的事物的判断,一定是不一样的,所以我们说企业文化是多样性的,没有绝对的对与错。

价值观决定战略,战略决定成败!

(2) 核心价值观是企业及其员工所崇尚的基本信念、理想,并指导企业及企业员工行为的准则

人是有物质需求的,但不只追求物质,还有精神需求。人做事有自己的观点和原则,有自己的信仰。价值观就起到这样的作用。一家公司的员工要有最基本的信念,它可以指导员工每一天、每一时刻的一言一行,对任何争论与纠结一定可以找到是非对错、黑白分明的答案;而且这种信念,不单是员工信以为真的价值观,也是企业的气质与性格。它不仅是指导员工的行为,也是这家企业做事的一个基本行为逻辑。

(3) 核心价值观是企业对待社会、市场、客户、产品、员工等态度的源点

企业有了核心价值观这个根本的行为逻辑,它对待社会、市场、客户、产品、员工的态度就找到了源点。企业有什么样的价值观,就会有什么样的对待客户的态度。例如,沃尔玛的核心价值观是:客户永远是第一,客户永远是对的,把员工当成客户一样经营等。有什么样的价值观,就会制造出什么样的产品。例如,乔布斯苹果的完美主义,就有了今天的Iphone、Ipad、Ipod等经典产品。有什么样的价值观,你就会用什么样的态度来对待员工,比如华为的狼性文化、三高表现:高效率、高压力、高工资等。

价值观建设对任何组织都非常重要,成长型企业目前在文化建设方面的投资越来越多,我们也看到很多政府机关也在价值观建设上做着相关的努力。

4. 价值观描述要点

- 能成为指导全体员工每一天、每一件事的最高精神指导原则。
- 参考总裁、创办人的经营哲学与人生观,并能代表团队的共识。
- 品质、员工、顾客、社会责任、诚信道德、市场是价值观最常用的6个维度。
- 与时俱进,符合时代精神。
- 言简意赅,表现形式为词或短语。
- 条数不要过多,5条以内就好。

而从核心价值观开始,这些文化理念的存在格式,大多是言简意赅的短语或词,对同一个词,不同的人理解的内容和收到的信息是不一样的,所以要加上相关的解释说明让大家对此更加明确,这个说明可多、可少。例如,对"诚信"两个字,不同的公司因文化倾向不同,解释说明也是不同的。另外,条件允许的话,最好辅以身边的故事或案例,核心价值观将会得到更完整、鲜活的体现,以方便员工接受,其精神也更容易传承。

没有不可能

当阿里第一次走入拳击栏,瘦弱的他令观众认为不出5个回合就会被打趴下。

然而,就是这个不起眼的年轻人,在一生61场比赛中,创造了56胜、5负的拳坛神话,成为拳击史上第一位三度夺得世界重量级冠军、获得"20世纪最伟大运动员"荣誉的拳王。他说过一句话:"'不可能'只是别人的观点,是挑战,绝非永远。"

最近,莱拉·阿里出现在了阿迪达斯最新的广告片中,她就是拳王阿里的女儿。原来拳王阿里的女儿也打拳!她甚至与父亲老拳王在拳击台上同场竞技,演绎了又一个"挑战不可能"的故事。

"我是莱拉·阿里,我是一个职业拳击手。我身上背负着3条世界重量级拳王金腰带,职业生涯的战绩是16胜、0负,曾13次击倒对手。当我第一次在电视里看到女子拳击,就像有一根导火线在我脑中点燃,我对自己说:我也要那样!"莱拉·阿里如是说。

"我想我面对的最大挑战就是:成为莱拉·阿里,而不是永远被人称为穆罕穆德·阿里的女儿。告诉你们,我的父亲是个大男子主义,他甚至不喜欢我穿短裤和运动衣。但是,我从不认为女人和拳击是一对矛盾。我想成为一名战士,同时也想成为一个让人激动不已的漂亮女人。"莱拉·阿里这样解释自己的选择。

当代革命军人核心价值观

忠诚于党,就是要自觉坚持党对军队的绝对领导,高举中国特色社会主义伟大旗帜,坚定中国特色社会主义理想信念,任何时候任何情况下都坚决听党指挥。

热爱人民,就是要忠实践行全心全意为人民服务的根本宗旨,视人民利益高于一切、重于一切,永葆人民子弟兵政治本色,与人民心连心、同呼吸、共命运,为人民无私奉献。

报效国家,就是要大力弘扬爱国主义精神,把个人的前途命运与国家的前途命运紧密联系在一起,坚决捍卫国家主权、安全、领土完整和人民民主专政的国家政权,为建设富强民主文明和谐的社会主义现代化国家贡献力量。

献身使命,就是要履行革命军人神圣职责,爱军精武,爱岗敬业,不怕牺牲,英勇善战,坚决履行好党和人民赋予的新世纪、新阶段军队历史使命。

崇尚荣誉,就是要自觉珍惜和维护国家、军队和军人的荣誉,视荣誉重于生命,自觉践行社会主义荣辱观,弘扬革命英雄主义和集体主义精神,提高素质、全面发展,争创一流、建功立业,贞守革命气节,严守军队纪律。

1.2 团队训练

用时	流程和内容	目　的	步　骤	物资及场景布置
10 分钟	兔子舞。 要点:通过轻松的氛围,让学员释放能量。	暖场;建立亲和感。	1. 准备兔子舞音乐,并调暗灯光。 2. 助教带头(演示兔子舞动作)。 3. 教练共同参与。	兔子舞音乐。
15 分钟	组内分享(1):上一周我在学习、生活中的收获是什么? 要点:组内成员依次分享,当一个人发言的时候,其他人只需倾听并在结尾处给予掌声鼓励。	引发自我觉察;组内成员之间的破冰。	1. 组内成员依次分享,助教、组长带头做发言标杆。 2. 组内成员分享结束后形成共识并推选出分享内容最精彩的成员作为代表到公众面前分享。	一首舒缓的轻音乐;满足学员数量的凳子。
50 分钟	互动:寻找自己的价值观。 1. 培训师先制作价值观项目表,并将这些项目投影在屏幕上。 2. 发给每位学员一张价值观项目表。 3. 培训师说明拍卖规则。 4. 进行拍卖。	提炼核心价值观。	助教同时参与。	投影仪、投影笔等。
15 分钟	组内分享(2):活动感悟。	归纳总结、自我觉察。	助教安静陪伴即可。	一首舒缓的轻音乐;满足学员数量的凳子。

培训师说明拍卖规则:(1)每个人都有也只有 10 万元,它代表了每个人一生的精力与时间。(2)不可以将买到的物品转卖。

现在有 15 样价值项目是我们完全不具备的。我们可以用 10 万元现金竞拍自己想要的工作价值项目。先给个人 5 分钟时间对 15 项价值进行排序和赋值,然后以小组为单位开始竞拍,竞拍过程中可以调价。15 样价值项目具体如下表所示。

价值观项目	顺 位	预估价格	成交价	得标人
1. 受别人的尊敬。				
2. 为大众福利尽一份力。				
3. 独立自主。				
4. 有一份变化而不单调的工作。				
5. 拥有自己喜欢的生活方式。				
6. 追求美感与艺术氛围。				
7. 高颜值。				
8. 生活安定有保障。				
9. 有一群志同道合、无话不说的好伙伴。				
10. 拥有创新天赋,善于发展新的事物。				
11. 有很强的管理和督导别人的能力。				
12. 成就感十足。				
13. 与所有的领导平等且融洽地相处。				
14. 拥有丰厚的收入。				
15. 具有舒适的工作环境。				

小组讨论:

① 你买到了认为最重要的价值观项目吗?

a. 如果是,买到时的心情如何?

b. 如果不是,则因何故没有买到?没有买到的心情如何?

c. 你最想买的项目是什么?其背后隐含了什么价值观?为什么它对你而言那么重要?

② 有些人什么都没有买到,为什么?

③ 参与拍卖活动时,你的心态为何?

a. 你所购买的项目是否都是自己喜欢的?还是在赌气或不得已的情况下购买的?

b. 在拍卖过程中,你的心情是紧张的?兴奋的?还是……

1.3 过程展现

团队毕业项目——核心价值观诵读

1.4 自省日记

1	近期发生了什么事情让自己困惑或矛盾？	
2	我的感受是什么？	
3	由此我发现我是……？	
4	这件事带给我的正面价值和提示是……？（哪怕只有百分之一的价值,那会是什么？）	
5	接下来,我需要调整自己的是什么？	

第四节 高效团队会议模式——促进合作与提升凝聚力

小小晋升为主管,并忙完交接工作后,拟给大家开一次会。以往自己作为下属,开会时只需听领导讲话,非常轻松。现在要自己组织会议,心中不免紧张。小小知道,若组织者组织不好,领导讲话乏味,下属很容易走神,以前自己有时就会乏困走神。怎样才能开一个高效的团队会议呢?

◆ **知识目标:**
1. 了解团队会议的概念与目的。
2. 了解团队会议的组织原则。
3. 掌握团队会议的流程。

◆ **能力目标:**
能够策划高校团队会议。

1.1 理论知识

1. 什么是团队会议?

团队会议就是工作团体或者项目团体集聚在一起讨论若干议题,可以有一个,也可以有多个。

2. 团队会议的目的

团队会议的目的包括:信息共享、动员激励、信息传播、制定决策。

3. 团队会议准备

团队会议准备包括以下工作:确立会议主题、筹备会议、参与会议、会议后续工作。

4. 高效团队会议的八项原则

(1) 主题要唯一

一次会议最好只有一个主题。可以集中时间和精力,集中有关人员,高效解决问题。综合性会议,最多也不要超过三个议题为好。议题越多,参加人员越多,旁观的人也越多,效率也就越低下,成本也就越高。

(2) 人员要相关

参加会议的人员,一要坚持"少而精"原则。与会议议题直接关联的单位,派员参加。协办的单位,不要派人参会。二要坚持"有效性"原则。具体的议题,让主责人员直接汇报,不要让领导代为汇报,避免"一问三不知"现象的出现。三要坚持"决策权"原则。参加会议的人员,一定要有决策权,主管领导有事派员参加,也要赋予相应的权利,否则因其做不了主,议而不决,造成最大的人员成本的浪费!

（3）事先要通报

要想会议高效,事先告知很重要。不要到会场才知什么议题,未经深思熟虑临时仓促做出决策,容易导致决策失误。重大议题应提前一天告知,让大家广泛征求意见,充分做好准备,开会时各抒己见,迅速做出决策,以提高会议效率。会议议题、提供的相关资料、发言次序等都应在会议通知中告知。

（4）程序要准确

会议的程序很重要,这关系到会议是否民主、有效。一是会议不要由领导主持。应该由会议议题单位主持,或由办公室主持。二是领导不要先讲话。避免有的人"话里听音"拍马屁,失去民主,按领导意见办。三是该议的时候议,该决的时候决,该举手的时候举手,该签字的时候签字,尽可能会议上形成决议,不要事后补办,切实提高会议效率。

（5）时间要紧凑

要事先规定会议时间,一个议题的会议一般时间不应超过一个小时。超过一个小时还形成不了决议,说明分歧较大,可以回去准备,二次再议,以做出准确决策。会议时间不宜太长,否则大脑反映迟钝,决策慢且容易出错。当然提高会议效率也要避免仓促决策。

（6）记录要完整

会议记录一定要完整、规范。从签到、讨论记录,到会议决议、表决情况,都要详细记录,以备核查。可采用专用记录格式、卡片,做到规范、准确、可查,避免事后不认账。

（7）纪要要及时

会议召开后,应在两日内下发会议纪要。会议纪要要做到完成目标的时间、要求、方法、执行部门四落实。拖泥带水是企业执行力的大忌。所以,要及时贯彻会议精神,一是增强会议时效性,发挥会议的作用;二是可以乘热打铁,从而取得事半功倍的效果;三是避免节外生枝,导致不必要的麻烦;四是提高会议的效益,增强执行力。

（8）决策要检查

对会议决策情况的跟踪检查非常重要。首先,检查要及时。在会后的几天里,要检查有关部门对会议决议的贯彻落实方案。其次,定期查落实。对会议的贯彻,制定各节点,每个节点都要进行检查。再次,决策完成期限要及时进行总结,对好的加以表扬,对错的进行处罚,以确保会议决议的贯彻落实。

打造"飞雁"团队

世界上有三种团队。一是野牛团队。野牛个个身强力壮,但没有集体意识,各自为政,反而不是身体弱小几十倍的狼的对手。二是螃蟹团队。当一群螃蟹被抓到竹篓里后,其中有一只奋力往上爬,其他几只就拼命拉后腿,结果谁也上不了。三是飞雁团队。大雁在飞行时都本能地呈"人"字型飞行,前面的大雁在飞行过程中为后面的大雁创造有利的上升气流。结果整个团队的飞行效率提升了70%。

野牛团队的特点是分开来很强,但合起来很弱。螃蟹团队的特点是我不好,你也别想好,导致整个团队的绩效下降。没有经过提升和规划的团队大多属于这两种,只是程度有所不同而已。而要成为"飞雁团队",则需要一番深刻的提升和转变。飞雁团队有以下几个特征:

(1) 纪律严明,且自主自发。我们无论何时何地见到大雁飞行,永远都是整齐划一的人字型,从来没见过哪只大雁调皮捣蛋。这给我们这样的启示:(1)大雁并没有制定严格的奖罚制度,也没有法律法规,但它们都能主动遵守纪律,这是本能的反映,而本能的行成是一个漫长的过程,是一个行为长期重复的产物。由此可见,要想打造成飞雁型团队,光有严格的奖罚制度是远远不够的,还要在部门构建一种正确的价值观,并把这种价值观长期、重复地宣导,将之融入各部门每位成员的血液里,让长期重复的动作成为本能的动作,让长期重复的思想成为本能的思想。(2)每只大雁都能主动遵守纪律,即便有那么一两只想开一下小差或偷一下懒,也会立即感觉到自己和团队的差距,从而主动归位。这说明,要想打造成飞雁型团队,首先要创造一种大的气候,即主流。假设部门每位员工都非常积极地维护5S,如果其中有位员工把地面搞脏,就会非常醒目,当事人也会感到羞愧而主动地去维护5S。例如,高速公路的出口都呈大圆弧状,司机开车转弯时就不得不减速,根本没必要制定"关于下高速时必须要减速"的制度。这就是"大气候"成功使用的范例。

(2) 大雁的队伍中,没有英雄,大家都是英雄。大雁在飞行时,领头雁是最累的。当领头雁感觉不能再承受时,便会退居二线,它后面的一只大雁便自动顶替,如此往复,让每只大雁都有机会当领头雁,整个队伍显得很有活力。领头雁在飞行时,后面的大雁会整齐地发出叫声,以鼓励领头雁,这给我们这样的启示:① 一个团队要想前进,领头雁固然重要,下属的支持与鼓励也非常重要。作为部门的班长,在推行新的制度或要进行某种动向之前,先要让下面的员工充分地了解事情的来龙去脉和利害关系,使其方向明确,心悦诚服,才能在你的带领下快速前进。② 没有永远的领头雁。作为班长,要保持和提高自己的核心竞争力。这核心一是技术能力,二是管理能力。班长在进步,同时又以自己的标准来要求下属,用自己的经验、学识去教导下属。当下属达到一定程度时,自己又上升到了一个新的程度。如此良性循环,整个团队就会健康地成长。而反之,班长自己不进步,其身后的团队也就无法进步,这样的团队就会走向败落,这样的班长也就不配做领头雁。这就是所谓的领导的速度就是众人的速度的道理。

(3) 在一个团队里总有强者和弱者。对于强者,我们要充分地发挥其能量;对于弱者,也不要轻易放弃,而是要尽力帮助他、扶持他,使之尽快走上正确的轨道上来,从而使弱者变强,强者更强。日本企业在进行表彰激励时,很少直接奖励个人,而是奖励整个团队。因为他们觉得个人再能干,只是单枪匹马,并不能将之用在提升整个团队的绩效上。他们不提倡个人英雄主义,因为个人英雄主义一旦泛滥,便会导致压制他人、提高自己、群雄并起、各自为政的现象出现。那就退化到"野牛团队"中去了。

由是观之,要想把我们的团队打造成飞雁型团队,还有很多事情要做,还有很长的路要走。一旦我们真的成长为飞雁型团队,那我们的成长速度就有了一次质的飞跃。

 案 例 二

卢店长的"三把火"

某店自从3个月前更换了店长,团队凝聚力空前高昂,不仅业绩有所增长,店里包括清洁、形象等各项指标也都大幅改善。

督导找到新店长小卢,请小卢总结经验,小卢向督导叙述了刚到这家店时的情形。那时店里业绩并不理想,店员相互间很少沟通交流。在遇到需要清洁店面、清理库存、上报销售数据等工作时,店员们表现得并不积极,还互相推诿。尤其是当店里有件饰品丢失时,所有店员都觉得此事与自己无关。如果有员工需要协作,其他成员也置之不理。于是小卢决定在店里烧起"三把火"。

第一把火:工作自豪感。因店里的员工并不认为自己的工作有多大的价值,无非是"混口饭吃"而已,于是小卢想了一个办法,请与她关系非常好的VIP顾客专程来店里感谢大家。因为上次这位顾客到店时,得到了店员们非常周全的服务,这位顾客说很感谢大家,并给大伙送来了水果。这次与顾客的互动,让店员们意识到了自己的工作价值,也更加喜爱这份工作了。

第二把火:团队目标感。因店员没有团队目标感,似乎并没有找到要凝聚在一起的理由,于是小卢为大家塑造了一位"假想敌",就是离他们最近的另一家同类型的店。小卢要求店员们从销售业绩、顾客进店数量、VIP数量等方面与另一家店竞

争,如果能在3个月内超越竞争店,店长为大家申请周边旅游的奖励。店员们被小卢的激情所感动,都投入了竞争中,并表现得非常协作。

第三把火:团队沟通会。店员平时工作较忙,沟通交流的机会较少。小卢将店员召集到家里聚餐,并借机谈了自己的想法,提醒店员要像一家人一样相互关怀。店长在吃饭的时候还特意安排平时相处不太融洽的员工坐到一块相互交流。这次聚会后,店里的氛围明显改善了。

店长的三把火把店员们的凝聚力、热情度、目标感彻底激发了出来,店员们对未来充满信心。

卢店长的优秀在于:她能意识到自己的团队存在问题,并力求改进。她在融入新的团队时,积极去寻找调和团队的方法,而非陷入是非去激化矛盾。

卢店长的三把火——"工作自豪感"让店员寻找到了团队与自身的工作价值,使店员建立起工作成就感;"团队目标感"让店员们树立了超越的目标,心往一处想,劲往一处使;"团队沟通会"让店员们敞开心扉、消除成见、相互了解,彼此的关系更融洽了。这"三把火"让店员们紧紧地抱成了团!

1.2 团队训练

用时	流程和内容	目的	步骤	物资及场景布置
10分钟	兔子舞。 要点:通过轻松的氛围,让学员释放能量。	暖场;建立亲和感。	1. 准备兔子舞音乐,调暗灯光。 2. 助教带头(演示兔子舞动作)。 3. 教练共同参与。	兔子舞音乐。
65分钟	用高效会议模式开会。	学习高效会议模式。	1. 主持人选择一个较为宽松的会议地点,组织与会者围绕一个半圆或者一个圆落座。 2. 简单开场白后,明确此次会议最终要达成的成果,引导所有人针对本次会议应该制定什么样的规则发言,并归纳总结,写在白纸上。 3. 引导成员选出时间郎(负责监督时间的人),并明确其职责。 4. 通过教练发问,不断引导成员展开发散性思维,了解我们拥有的具体资源是什么,最亟待解决的困难又是什么。归纳总结,写于白纸上。 5. 引导所有人确定分工,提出可行性解决方案,并落实责任到个人,明确各项工作的督察人员。 6. 针对拿到的成果,确定后期有无召开后续会议的必要,若有必要,明确时间和会议主题。	投影仪、投影笔、白板、若干支笔。

续表

用时	流程和内容	目的	步骤	物资及场景布置
15分钟	组内分享：活动感悟。	归纳总结、自我觉察。	助教安静陪伴即可。	一首舒缓的轻音乐；满足学员数量的凳子。

实战模拟：今天我们要召开一个关于××××的高效会议。

人员：会议支持人，时间郎，与会者。

道具：马克笔，大白板，8K或者4K的大白纸10张左右。

设定会议时间，并选出时间郎。

会议主持人的职责：时刻牢记会议意图，时刻提醒与会者"请提出解决方法"，提醒与会人不要重复别人的意见，合理分配发言时间。

会议主持人的技巧：研究出席者，设计开场白，掌控节奏，了解发问技巧和倾听技巧（教练技术应用），关注与会者身体语言，维持秩序，引导所有人达成意图，应对突发事件，归纳总结。

时间郎职责：合理分配发言时间，记录会议内容。

高效会议最终达成的成果：责任落实到个人，明确个人行动计划，形成可行性方案，后续会议的引导。

会议的交流方式：头脑风暴，群策群力，小组讨论等。

例如，头脑风暴这一讨论方法就是一个可以让参加者习惯于开启创造性思维之门的例子，集思广益讨论的基本原则如下：

一、不允许有批评性意见。

二、欢迎随心所欲地思考。

三、要求的是数量而不是质量。

四、寻求各种观点的结合和提高。

五、讨论时对事不对人。

1.3 自省日记

1	近期发生了什么事情让自己困惑或矛盾？	
2	我的感受是什么？	
3	由此我发现我是……？	
4	这件事带给我的正面价值和提示是……？（哪怕只有百分之一的价值,那会是什么?）	
5	接下来,我需要调整自己的是什么？	